Tinka Beller

30 Minuten

Gendergerechte Sprache

Bibliografische Information der Deutschen Nationalbibliothek
Die Deutsche Nationalbibliothek verzeichnet diese Publikation
in der Deutschen Nationalbibliografie; detaillierte bibliografische Daten sind im Internet über http://dnb.d-nb.de abrufbar.

Umschlaggestaltung: die imprimatur, Hainburg
Umschlagkonzept: Martin Zech Design, Bremen
Foto der Autorin: Stefan Bungert, Hamburg
Satz: Zerosoft, Timisoara (Rumänien)
Druck und Verarbeitung: Salzland Druck, Staßfurt

Hinweis:
Das Buch ist sorgfältig erarbeitet worden. Dennoch erfolgen alle
Angaben ohne Gewähr. Weder die Autorin noch der Verlag können für eventuelle Nachteile oder Schäden, die aus den im Buch
gemachten Hinweisen resultieren, eine Haftung übernehmen.

Printed in Germany

ISBN 978-3-86936-917-4

In 30 Minuten wissen Sie mehr!

Dieses Buch ist so konzipiert, dass Sie in kurzer Zeit prägnante und fundierte Informationen aufnehmen können. Mithilfe eines Leitsystems werden Sie durch das Buch geführt. Es erlaubt Ihnen, innerhalb Ihres persönlichen Zeitkontingents (von 10 bis 30 Minuten) das Wesentliche zu erfassen.

Kurze Lesezeit

In 30 Minuten können Sie das ganze Buch lesen. Wenn Sie weniger Zeit haben, lesen Sie gezielt nur die Stellen, die für Sie wichtige Informationen beinhalten.

- Alle wichtigen Informationen sind blau gedruckt.

- Schlüsselfragen mit Seitenverweisen zu Beginn eines jeden Kapitels erlauben eine schnelle Orientierung: Sie blättern direkt auf die Seite, die Ihre Wissenslücke schließt.

- *Zahlreiche Zusammenfassungen innerhalb der Kapitel erlauben das schnelle Querlesen.*

- Ein Fast Reader am Ende des Buches fasst alle wichtigen Aspekte zusammen.

- Ein Register erleichtert das Nachschlagen.

Inhalt

Vorwort

„Jeder isst, so viel er kann, nur nicht seinen Neben-mann!" Dieser Reim ist in vielen Kindertagesstätten der Höhepunkt vor dem gemeinsamen Essen. Mir gefällt der zweite Teil besonders gut: „Und nimmt man es ganz genau, auch nicht seine Nebenfrau!" Denn so sichtbar wie in diesem Vers sind Mädchen bzw. Frauen längst nicht in allen Bereichen.

„In diesem Text wird der Einfachheit bzw. besseren Lesbarkeit halber nur die männliche Form verwendet. Die weibliche Form ist selbstverständlich immer mit eingeschlossen." Noch immer ist diese oder eine ähnli-che Anmerkung, die sogenannte Legaldefinition, vielen Texten vorangestellt. Was hier übersehen wird: Gleich-berechtigung findet auf allen Ebenen statt. Gesproche-ne und geschriebene Sprache bilden die Realität ab. Tatsächliche Gleichberechtigung erfordert also eine Sichtbarkeit beider Geschlechter.[*]

Die (fast) ausschließliche Verwendung der männlichen Form – das sogenannte generische Maskulinum – ist auch heute noch die Norm. Fast 50 Prozent der Bevöl-

---

[*] 2017 wurde ein neues Gesetz zur Feststellung des Personen-stands verabschiedet. Neben der bisher zwingend erforderli-chen Einordnung des Geschlechts in „männlich" oder „weiblich" gibt es seitdem die Möglichkeit, ein sogenanntes „drittes Ge-schlecht" zu wählen. Im Folgenden beschränke ich mich haupt-sächlich auf die Kategorien „männlich/weiblich", da die Komple-xität der Thematik der Berücksichtigung weiterer Geschlechter den Rahmen dieses Buchs übersteigen würde.

kerung sind nur „mitgemeint". Sprache bedeutet Macht. Und durch Sprache entstehen Bilder. Welche Bilder entstehen, solange in den Medien von „Ärzten und Krankenschwestern", „Polizisten im Einsatz" oder „Piloten und Flugbegleiterinnen" berichtet wird? Welche Möglichkeiten gibt es, sowohl verbal als auch schriftlich Männer und Frauen anzusprechen, ohne eine Hierarchie bzw. Wertung zu vermitteln? Gibt es Alternativen zu der Schreibweise „Leserinnen und Leser"?

Dieses Buch dient als Hilfestellung für den Erstkontakt mit dem Thema gendergerechte Sprache. Es soll ein Bewusstsein für die Problematik schaffen – aber keine sprachwissenschaftliche Analyse darstellen. Durch die momentan begrenzten Möglichkeiten der deutschen Sprache kann das dritte Geschlecht noch nicht vollständig und angemessen in den Sprachgebrauch integriert werden. Daher bezieht sich dieses Buch auf die Implementierung gendergerechter Sprache im Hinblick auf die Gleichstellung von Männern und Frauen. Als Frau formuliere ich persönliche Erlebnisse aus meiner, das heißt weiblicher Sicht. Selbstverständlich sind männliche Leser stets mitangesprochen!

Tinka Beller

30 MINUTEN

1. Gleichberechtigung und Sprache – wie hängt dies zusammen?

Für den jetzigen Stand der Gleichberechtigung war die sogenannte „erste Frauenbewegung" unverzichtbar. Errungenschaften wie zum Beispiel das Wahlrecht für Frauen sind weder von allein entstanden noch kamen Männer auf die Idee, dass sich da etwas ändern müsste. Frauen sind für diese Rechte, teilweise gegen große Widerstände, aktiv geworden und haben sich letztlich durchgesetzt.

Welchen Einfluss Sprache auf Wahrnehmung hat, lässt sich in diesem Zusammenhang gut am Wahlrecht der Schweiz erkennen: Erst 1971, also vor weniger als 50 Jahren, wurde es Frauen dort ermöglicht, zu wählen. Begründet wurde die Ablehnung des Frauenwahlrechts bis dahin mit folgender Formulierung in der Verfassung: „Stimmberechtigt ist jeder Schweizer, der das zwanzigste Altersjahr zurückgelegt hat (...)." Demnach war es nur folgerichtig und konsequent, dass nur „Schweizer" wählen durften, aber keine „Schweizerinnen". Schon hier ist die Relevanz gendergerechter Sprache abzusehen.

1.1 Hegemoniale Männlichkeit und ihre Folgen

Für die jüngere Generation, das heißt für all diejenigen, die mit „Selbstverständlichkeiten" aufgewachsen sind wie dem Frauenwahlrecht oder der Tatsache, dass Frauen autonom ein Bankkonto eröffnen oder einen Arbeitsvertrag unterzeichnen dürfen (ohne die bis 1977 in Deutschland nötige Unterschrift des Ehemannes), mag sich der Wunsch nach einer gleichberechtigten Sprache „gestrig" oder „total übertrieben" anhören. Vielleicht hilft hier ein Blick auf die Realität: Frauen sind – auch in Deutschland – noch weit davon entfernt, Männern gegenüber gleichberechtigt zu sein.

Gleichberechtigung bezieht sich definitiv auf mehr Bereiche als nur auf die Themen Berufstätigkeit und Gehalt. Doch gerade hier gibt es besonders viel Handlungsbedarf. Das macht eine Studie der AllBright Stiftung, die sich für mehr Diversität einsetzt, deutlich: Demnach gab es 2017 in deutschen Aufsichtsräten mehr Männer, die Thomas oder Michael heißen (49 Personen), als Frauen insgesamt (46 Personen). Aufsichtsräte waren zum Zeitpunkt der Studie zu 93 Prozent männlich und ähnelten sich auch im Hinblick auf das Alter (im Durchschnitt 53 Jahre), die Herkunft (Westdeutschland) und die Ausbildung (71 Prozent Wirtschaftswissenschaftler oder Ingenieure). Hier sind Frauen in keiner Weise präsent, weder optisch noch sprachlich.

Was ist hegemoniale Männlichkeit?

„Hegemonie" bedeutet Vorherrschaft oder Überlegenheit, „hegemoniale Männlichkeit" bezeichnet also die Überlegenheit des Männlichen bzw. der Männer. Hier geht es nicht darum, ob Männer tatsächlich das überlegene Geschlecht sind, sondern um die Tatsache, dass sie aktuell eine dominante soziale Position innehaben. Die hegemoniale Männlichkeit ist aktuell noch die Norm in der Gesellschaft.

Im Vergleich zu einem Hegemonen, hier der Gruppe der weißen, heterosexuellen Männer, werden „die anderen" viel weniger wahrgenommen. Grundlegend sind hierfür die verschiedenen Formen der Privilegierung. In der patriarchalischen, hegemonial männlichen und eurozentrischen Welt ist die Gruppe weißer, heterosexueller Cis-Männer am meisten privilegiert. (Unter „Cis-Mann" bzw. „Cis-Frau" werden Personen verstanden, bei denen Geschlechtsidentität und Geschlecht qua Geburt übereinstimmen. Das Gegenteil wird als „Transgender" bezeichnet.) Das bedeutet, dass diese Menschen aufgrund ihrer Hautfarbe, ihrer sexuellen Identität und Orientierung und ihres Geschlechts keine Diskriminierung erfahren. Letztlich lassen sich durch eine derartige Analyse Machtstrukturen aufzeigen, die durchbrochen werden sollen.

Die Einflussmöglichkeiten von Personen, die (zum Beispiel) qua Geschlecht abweichen, sind durch die dominante soziale Position von Männern sehr gering. Vereinfacht dargestellt werden alle, die dem Bild nicht entsprechen, als untergeordnet wahrgenommen.

Das Gesetz der Sympathie

Diese Prozesse laufen häufig unbewusst ab. Das, was wenn überhaupt nur als diffuses Gefühl wahrgenommen wird, lässt sich mit dem „Gesetz der Sympathie" erklären. Ein Beispiel:

Eine Führungskraft, die eine Stellenbesetzung vorzunehmen hat, wird – wie jede andere Person auch – sehr viele Entscheidungen treffen. Neben den „harten Fakten", wie einer geforderten Qualifikation oder Berufserfahrung, spielen viele weitere Faktoren eine Rolle, die nicht logisch zu erklären sind. Wesentlich ist zum Beispiel, ob uns unser Gegenüber sympathisch ist. Diesen Personen vertrauen wir eher, wir halten sie für kompetent und zweifeln seltener an dem, was sie uns mitteilen.

Doch was trägt dazu bei, ob uns jemand sympathisch oder unsympathisch ist? Ein wesentlicher Faktor für Sympathie ist Ähnlichkeit. Jemand, der uns ähnlich ist, kann ja nicht so verkehrt sein, suggeriert uns unser Gehirn. Ähnlichkeit kann in vielen Details erkannt werden. Sprechen Sie dieselbe Sprache wie Ihr Gegenüber? Haben Sie einen ähnlichen Bildungsstand? Oder gleiche Interessen? Während einige dieser Details sich erst später erschließen, gibt es Ähnlichkeiten, die sich auf den sprichwörtlichen ersten Blick erkennen lassen: Ist Ihr Gegenüber männlich oder weiblich? Und schon haben Sie eine Menge, was Sie miteinander verbindet – oder auch nicht.

Das, was uns bekannt ist, erscheint uns sympathischer als Unbekanntes. Unbekanntes ist eher befremdlich und wird eher als trennend wahrgenommen. So wird auch klar, warum es in bestimmten Positionen immer noch zu sogenannten „Reproduktionen" kommt: Die Führungskraft, die eine neue Stelle besetzt, lässt – unbewusst – den Faktor Geschlecht als Sympathiemerkmal in ihre Bewertung einfließen. Das gleiche Geschlecht bedeutet viel Ähnlichkeit und damit einen Sympathievorsprung gegenüber „den anderen", also (in den meisten Fällen) allen, die nicht männlich sind.

Wichtig ist es, zu verstehen, dass diese Prozesse nicht bewusst steuerbar sind, sondern sich im Unterbewusstsein abspielen. Assoziationen und Wahrnehmungen lassen sich nicht abschalten, das Gehirn funktioniert immer. Deswegen ist es notwendig, gendergerechte Begriffe bewusst zu verwenden, damit auch sie „normal" werden und im Sprachgebrauch präsent sind. Dieser Prozess nimmt Zeit in Anspruch: Auch das Sprachzentrum im Gehirn präferiert Bekanntes.

Stand der Dinge: Sprache ist männlich

Das (generische) Maskulinum bzw. die Verwendung der männlichen Form in der Sprache ist aktuell die Norm (mehr zu dieser sprachlichen Problematik in Kap. 3.1). Das Weibliche ist die Abweichung von der Norm, das „Nicht-Normale". Das bedeutet eine Asymmetrie im Sprachgebrauch. Alles, was männlich ist, ist präsenter, weil es häufiger erwähnt oder geschrieben wird. Alles, was weiblich ist, ist zunächst „anders" und muss gegebenenfalls noch erläutert werden. Das ist problematisch, weil das, was wir häufiger hören, sehen oder lesen, unsere Gedanken stärker prägt als das, was wir seltener hören oder seltener vor Augen haben.

Es gibt viele Beispiele für diese unterschiedliche Wahrnehmung von Männern und Frauen und die Art, wie sich diese auf sprachlicher Ebene niederschlägt. Führende Politikerinnen wie Angela Merkel oder Ursula von der Leyen wurden die ersten Jahre ihrer politischen Tätigkeit in Fernsehberichten und Reportagen beispielsweise explizit als „Frau Merkel" bzw. „Frau von der Leyen" tituliert. Der Ursprung dieser Formulierung war keineswegs Höflichkeit, wie man vielleicht vermuten könnte, sondern das Verdeutlichen ihres „Andersseins". Niemand wäre auf die Idee gekommen, die jeweils männlichen Vorgänger als „Herr Kohl" oder „Herr de Maizière" zu bezeichnen. Falls den Namen etwas vorangestellt wurde, dann höchstens das jeweilige Amt, also „Kanzler Kohl" oder „Verteidigungsminister de Maizière", jedoch nie „Herr" – dass es sich um Männer handelte, war einfach so selbstverständlich, dass es nicht extra erwähnt werden musste.

Eine „Mitgemeinte" wehrt sich

Auch wenn das eben beschriebene Beispiel verdeutlicht, dass sogar Spitzenpolitikerinnen sprachlich anders behandelt werden, und die vorher genannten Zahlen, Daten und Fakten zeigen, dass Frauen generell in Führungspositionen unterrepräsentiert sind, ist die Wahrnehmung häufig eine andere. Besonders in der

Diskussion um Gleichstellung in der Sprache kommt häufig das Argument: „Frauen sind gleichberechtigt, das muss man nicht extra erwähnen!" Auf den Vorwurf, dass gendersensible Sprache unverständlich und schwer lesbar sei, folgt fast reflexartig folgende Aussage: „Diesen ganzen Gender-Terrorismus braucht man gar nicht, weil Frauen natürlich mitgemeint sind!" Wie so oft ist hier „gut gemeint" das Gegenteil von „gut gemacht", denn das generische Maskulinum bzw. das „Mitmeinen" ist definitiv keine Lösung, um die Sichtbarkeit verschiedener Personengruppen zu erreichen (vgl. Kap. 3.1).

Gegen die Tatsache, „mitgemeint" zu werden, setzte sich Marlies Krämer, eine Kundin der Sparkasse, zur Wehr. Mit ihrer Klage im Jahr 2018 wollte sie erreichen, dass Banken ihre weibliche Kundschaft im Schriftverkehr als „Kontoinhaberin" bzw. „Kundin" ansprechen müssen.

Mit einem ähnlichen Ansinnen war Krämer Jahre zuvor bereits erfolgreich: Ihr bzw. ihrer Klage ist es zu verdanken, dass in den Wetterberichten die „Hochs" nicht mehr ausschließlich männliche und die Tiefs nicht mehr ausschließlich weibliche Namen tragen. Die pragmatische Lösung: Es werden abwechselnd Frauen- bzw. Männernamen verwendet, es gibt das „Hoch Maria" ebenso wie das „Tief Britta" oder das „Hoch Giovanni" und das „Tief Michael". Bei großem Interesse kann so eine Wetterfront quasi „gekauft" werden, wobei Hochs teurer sind als Tiefs.

Noch bevor sich Krämer diesen Themen zuwandte, sorgte sie im Jahr 1990 für eine Änderung: Sie wollte in ihren Dokumenten nicht als „Inhaber dieses Ausweises" unterschreiben, sondern gendergerecht als „Inhaberin". Doch auch diese, heute nicht mehr wegzudenkende Formulierung musste erst auf dem Klageweg eingefordert werden.

Dass im Jahr 2018 überhaupt noch geklagt werden muss, damit Banken ihre weibliche Kundschaft gendergerecht ansprechen, scheint skurril. Noch skurriler mutet die Begründung der Ablehnung an: Das Landgericht argumentierte, dass „schwierige Texte durch die Nennung beider Geschlechter noch komplizierter" würden und dass „die männliche Form schon seit 2000 Jahren verwendet" werde. „Das war aber schon immer so!" als Argument erscheint vor dem Hintergrund der zahlreichen Veränderungen der letzten Jahre und Jahrzehnte etwas unglaubwürdig.

Veränderungen sind möglich

Von der Einführung der fünfstelligen Postleitzahlen über den Wechsel von der D-Mark zum Euro, der viel kritisierten Rechtschreibreform oder der erst kürzlich vorgenommenen Änderung von der achtstelligen Kontonummer zur 22-stelligen IBAN – in all diesen Fällen ist der anfängliche Widerstand innerhalb kürzester Zeit dem Gefühl „Jetzt ist es nun mal so" gewichen. Und auch, wenn Sie vielleicht mitunter noch im Kopf umrechnen, wie viel Ihr Coffee to go in der alten Währung gekostet hätte, werden Sie vermutlich weder mit D-Mark zahlen noch Ihre Briefe mit vierstelligen Postleitzahlen verschicken. Diese Beispiele zeigen deutlich, dass Änderungen, auch wenn sie mitunter mit Aufwand verbunden sind, möglich sind.

Sprache ist lebendig und Veränderungen unterworfen, sie passt sich unserer Lebensweise an. Dies macht zum Teil ganz neue Begriffe nötig – und sorgt alle paar Jahre für eine neue, aktualisierte Auflage des Duden.

Vaterland und Muttersprache

Einen weiteren Vorschlag zum Thema gendergerechte Sprache gab es 2017: Die Gleichstellungsbeauftragte des Bundesfamilienministeriums regte an, die Nationalhymne auf Gendergerechtigkeit zu überprüfen und zu ändern. Hier sollte „brüderlich mit Herz und Hand" durch „couragiert mit Herz und Hand" sowie „Vaterland" durch „Heimatland" ersetzt werden. Zum Zeitpunkt des Verfassens dieses Buches ist der Vorschlag nicht weiterverfolgt worden. Eines der Hauptargumente, die dagegensprachen, war, dass es feste Begrifflichkeiten gäbe, die nicht zu verändern seien. Dazu würde zum Beispiel „Vaterland" zählen. Erstaunlich erscheint in diesem Zusammenhang, dass das ebenso etablierte Wort „Muttersprache" im Zuge der Zuwanderung vieler Personen mit Migrationshintergrund und verschiedener Sprachhintergründe immer mehr durch das Wort „Erstsprache" ersetzt wird. Hierdurch soll die aktuelle Realität abgebildet werden: Die Sprache, die ein Kind als Erstes lernt, ist nicht automatisch die Sprache der Mutter, sondern, sachlich richtig, die „Erstsprache". Da drängt sich natürlich die Frage auf, ob denn das Land, das ein Mensch als seine Heimat empfindet, automatisch das Land seines Vaters ist …

Es gibt durchaus Beispiele, die zeigen, dass sich – vermeintlich – in Stein gemeißelte Texte ändern können. So haben zum Beispiel Österreich und Kanada ihre Nationalhymnen tatsächlich gendergerecht aktualisiert. Das in Österreich bis 2012 gängige „Heimat großer Söhne" wurde in „Heimat großer Töchter und Söhne" geändert, aus „Bruderchören" wurden „Jubelchöre" – aber das „Vaterland" blieb.

30 *„Hegemoniale Männlichkeit" – die Vorherrschaft der (weißen, heterosexuellen) Männer – ist in unserer Gesellschaft noch immer die Norm. Männer sind beispielsweise in Führungspositionen deutlich überrepräsentiert. Gendergerechte Sprache kann dem entgegenwirken. Es lohnt sich daher, für entsprechende Veränderungen einzutreten.*

1.2 Berufe und Gender

Solange es im Werbefernsehen noch Frauen gibt, die voller Begeisterung mitteilen, dass sie als „Zahnarztfrauen" genau wissen, welche Zahncreme empfehlenswert sei, oder als „Wäsche-Expertinnen" andere Menschen davor bewahren, das falsche Waschmittel zu verwenden, habe ich leise Zweifel, was die Gleichstellung von Frauen in der

Arbeitswelt betrifft. Aber abgesehen von diesen eher skurrilen „Berufen" zeigt sich sehr deutlich, dass Sprache etwas Lebendiges ist – und sehr viel mit Gender zu tun hat. Besonders wenn man Berufsbezeichnungen und die Entwicklung bestimmter Berufsgruppen betrachtet.

Von Krankenschwestern und Entbindungspflegern

Ein Mann, der sich für einen Beruf in der Krankenpflege entscheidet, ist keine „Krankenschwester" und kein „Krankenbruder", sondern ein „Krankenpfleger". Ein Mann, der in der Geburtshilfe tätig ist, ist keine „Hebamme", sondern ein „Entbindungspfleger". Das ist sinnvoll. So wird schon bei der Nennung des Berufs oder der Tätigkeit fast automatisch auch das Geschlecht deutlich. Das zeigt, dass es durchaus und relativ unkompliziert möglich ist, neue Berufsbezeichnungen in den allgemeinen Sprachgebrauch aufzunehmen, und zwar auch dann, wenn es sich bei den Personen, die dies betrifft, um eine absolute Minderheit handelt. So gab es 2017 zum Beispiel genau sieben Entbindungspfleger, die in Deutschland tätig waren. Für diese sieben Männer (und die, die eventuell in den nächsten Jahren ebenfalls diese Ausbildung absolvieren werden) wurde eine neue Berufsbezeichnung eingeführt.

Folgt man diesem Gedanken, müsste es für Frauen, die in männlich dominierten Berufen tätig sind, eine weibliche Form der jeweiligen Berufsbezeichnung geben. Doch das ist keineswegs immer der Fall.

Akademische Titel

Vergleichbar ist die Situation bei akademischen Titeln: Anhand eines Doktortitels wird nicht klar, welches Geschlecht die promovierte Person hat. Nur in der Anrede „Frau Dr." bzw. „Herr Dr." wird das Geschlecht sichtbar. Ähnlich ist es mit der Professur: Es ist in der gesprochenen Sprache üblich, den männlichen Dozierenden mit „Professor" anzureden, die weibliche Dozierende jedoch mit „Frau Professor".

Aus dem allgemeinen Sprachgebrauch sind „Erzieher" oder „Altenpfleger" nicht mehr wegzudenken, obwohl diese Berufe in der Mehrzahl von Frauen ausgeübt werden. Umso mehr erstaunt es, wenn Frauen noch immer eine Ausbildung zum „Systemadministrator" machen oder als „Zahntechniker" tätig sind.

Frauen in „Männerberufen"

Häufig sind es gerade junge Frauen, die sich mit diesen männlichen Bezeichnungen vorstellen bzw. mehr identifizieren als mit der (korrekten) weiblichen Titulierung. Als Begründung führen sie häufig an: „Ich habe es nicht nötig, mich als Frau hervorzuheben, weil ich genauso gut bin wie meine männlichen Kollegen!" Viele Frauen, die sich gegen die Verwendung der weiblichen Berufsbezeichnung aussprechen, argumentieren auch damit, dass „sie emanzipiert genug seien" und „diese Kinkerlitzchen nicht nötig hätten".

Eine andere Begründung nannte mir eine Informatikerin. Sie erklärte, dass Frauen in „Männerberufen" schon genug auffallen. Um diese Besonderheit nicht weiter zu thematisieren, sondern sich anzugleichen, verhalten sie sich in bestimmten Bereichen „männlich".

„Becoming one of the boys", so bezeichnet Jill P. Weber dieses Verhalten in einem Beitrag auf psychologytoday. com. „Einer von den Jungs werden" ist häufig ein (unbewusst gewählter) Ansatz, mit dem Frauen sich der dominanteren oder zahlenmäßig überlegeneren Gruppe von Männern angleichen möchten. Das kann über verschiedene Wege erreicht werden, zum Beispiel:

- Kleidung (dunkle Hosenanzüge)
- Verhalten (Frauen gegenüber mindestens genauso kritisch sein wie gegenüber Männern, häufig sogar noch wesentlich strenger)
- Sprachgebrauch („Ich bin Informatiker" – nicht auffallen!)

Diese Anpassung an die Gegebenheiten im eher männlich dominierten Berufsfeld sind jedoch keine Merkmale einer emanzipierten Frau, im Gegenteil. Die hegemoniale Männlichkeit ist ein System aus Machtstrukturen, die eine bestimmte Gruppe positiv beeinflussen und privilegieren. Je privilegierter eine Gruppe ist, desto mehr Macht kann diese auf unterschiedliche Bereiche des sozialen und politischen Lebens ausüben. Rein im Kontext von Männlichkeit und Weiblichkeit betrachtet, wurden und werden Frauen als impulsiver, emotionaler, unzuverlässiger, weniger fähig, weich etc. eingeschätzt. Typisch weibliche Attribute sind demnach verpönt.

Wenn sich eine Frau dann diesen Strukturen anpasst und ihre als typisch weiblich geltenden Eigenschaften ablegt oder maskiert, verstärkt sie lediglich die männliche Hegemonie. Wenn beispielsweise angeführt wird, dass es ausreiche, Frauen durch die Verwendung des generischen Maskulinums „mitzumeinen", wird damit der Hintergrund der Benachteiligung von Frauen ignoriert oder sogar als irrelevant abgetan.

Dies bedeutet nicht, dass die Aneignung oder das generelle Innehaben von männlich konnotierten Eigenschaften grundsätzlich etwas Negatives ist, ebenso wenig wie weiblich konnotierte Eigenschaften etwas Negatives sind. Jedoch ist die Anpassung an ein verschiedene Gruppen benachteiligendes System ein Problem. Denn dadurch wird dieses System weiter aufrechterhalten. Wenn eine Frau versucht, sich in einem „Männerberuf" zu behaupten, laufen viele unbewusste Prozesse ab, die zu einer Anpassung führen, ohne dass dies den Betroffenen überhaupt bewusst ist.

Dienstgrade bei der Bundeswehr
Extrem fallen die Bezeichnungen bei der Bundeswehr auf. Dort gehört es zur korrekten Anrede, dass der Dienstgrad genannt wird, also „Herr Oberstleutnant" oder „Herr Admiral". Sehr logisch, aber für Frauen nicht zwingend nachvollziehbar sind die Anreden für Soldatinnen. Eine Frau in entsprechender Position wird als „Frau Oberstabsarzt" oder „Frau Panzergrenadier" angesprochen.

Es gibt also noch immer viele Frauen, die sich selbst als „Bankkaufmann" oder „Arzt" bezeichnen. Sie sehen darin nicht nur kein Problem, sondern die männliche Bezeichnung ihrer Berufe und damit auch ihrer Person vermittelt ihnen häufig das Gefühl, „dazuzugehören". Auf Nachfragen erklären diese Frauen beispielsweise, sie wären als „Studenten" absolut gleichberechtigt gegenüber ihren männlichen Kommilitonen gewesen, ebenso wie im späteren Berufsleben als „BWLer" oder „Informatiker". Hier ist häufig der Wunsch Vater (oder Mutter) des Gedankens: „Wenn ich gleichberechtigt und emanzipiert bin, spielt mein Geschlecht keine Rolle!" Dass die Realität leider immer noch eine ganz andere ist, zeigt sich unter anderem in der Tatsache, dass Frauen im Schnitt immer noch ca. 21 Prozent weniger verdienen als ihre männlichen Kollegen. Dieser „Gender Pay Gap" (wörtlich übersetzt „geschlechterspezifisches Lohngefälle") wird jedes Jahr neu berechnet und ist in Deutschland (leider) so groß wie in fast keinem anderen Land der EU. Und auch hier lässt sich ein Zusammenhang zu gendergerechter Sprache bzw. zur allgemeinen Wahrnehmung der Thematik feststellen. Das betrifft beispielsweise die Anerkennung verschiedener Berufe, die oft davon abhängt, ob diese Berufe eher „männlich" oder „weiblich" konnotiert sind. (Siehe auch Kapitel 2.1.)

Die Geringschätzung der „Frauenberufe"

Es ist sehr interessant, dass sich die Wahrnehmung von Berufen verändert, je nachdem, ob sie als „typisch weiblich", „typisch männlich" oder „neutral" gelten. Ein „Männerberuf" erscheint erstrebenswerter als ein „Frauenberuf".

Deutlich wird das zum Beispiel am Berufsbild „Sekretär". Ungefähr zur Mitte des 19. Jahrhunderts waren Sekretäre fast ausschließlich Männer, die einen interessanten Beruf hatten. Das Aufgabengebiet war vielfältig, die Angestellten angesehen: Es wurden Briefe verfasst, verschickt und dokumentiert, Geschäftsbücher geführt und die Ablage organisiert. Das führte dazu, dass sich Sekretäre besonders in kleineren Unternehmen viel Wissen über die Strukturen aneignen konnten – und so über ideale Aufstiegsvoraussetzungen verfügten. Der Beruf Sekretär war also durchaus geeignet, um sich auf der Karriereleiter nach oben zu bewegen.

Wenn man heute von einem „Sekretär" spricht, ist die erste Assoziation vermutlich eher das Möbelstück. An den Beruf des Assistenten denkt man kaum, dieser wird nur noch mit der weiblichen Bezeichnung „Sekretärin" verbunden. Dieser Wandel ist erklärbar: Aufgrund eines Männermangels ab dem Jahr 1860 in den USA (die Männer befanden sich als Soldaten im Krieg) mussten die Positionen mit Frauen besetzt werden. Schon damals wurden Frauen deutlich schlechter bezahlt, was sich für die Firmen natürlich als vorteilhaft erwies: Sie gewannen günstige, fleißige Arbeitskräfte. Und davon viele.

Das hatte zur Folge, dass bereits in den 1920er-Jahren die Hälfte der Büroangestellten Frauen waren – die

„einfachere" Aufgaben wie zum Beispiel das Stenografieren übernahmen. Hier zeigt sich ein Phänomen, das auch heute noch gilt: Wenn eine Aufgabe von jemandem übernommen wird, der geringer bezahlt wird (und das sind in den meisten Fällen Frauen), sinkt diese Tätigkeit im Ansehen. Der ehemals sehr anerkannte Beruf „Sekretär" entwickelte sich mit der Zunahme der weiblichen Arbeitskräfte zu einer Tätigkeit, die häufig von jungen, unverheirateten und nicht sehr qualifizierten Frauen ausgeübt wurde, was zu einer Geringschätzung dieses Berufs führte. Despektierliche Begriffe wie „Tippse", „Vorzimmerdrachen" oder „Vorzimmerdame" zeigen ebenfalls den Zusammenhang zwischen der weiblichen Besetzung dieser Stellen und der Abwertung des Berufsbildes. Für die genannten Begriffe gibt es kein männliches Pendant.

In den letzten Jahren und Jahrzehnten gab und gibt es viele Bemühungen, das Berufsbild einer „Sekretärin" bzw., wie sie heute genannt wird, einer „Assistentin" attraktiv darzustellen und besonders die vielfältigen damit verbundenen Aufgaben aufzuzeigen. Die Herausforderungen sind enorm gestiegen, und nahezu jedem Menschen, der sich mit Büro-Organisation oder -Management auskennt, ist die Wichtigkeit dieser Aufgabe ganz klar. Diese Fakten machen die Tätigkeit jedoch nicht zwingend attraktiver: Der Männeranteil lag 2018 bei ca. fünf Prozent, es handelt sich immer noch um einen „Frauenberuf".

Wenn Kinder Berufe bewerten

Dem Gedankengang „Was nichts kostet, ist nichts wert!" folgend, sind Berufe, die von Frauen ausgeübt werden, also nicht so herausfordernd wie „Männerberufe". Dass dies der allgemeinen Wahrnehmung entspricht, zeigt auch eine Studie, die Dries Vervecken und Bettina Hannover von der freien Universität Berlin durchgeführt haben. Es wurden 591 Kinder aus Deutschland und Belgien im Alter von sechs bis zwölf Jahren zu ihrer Wahrnehmung in Bezug auf Berufe befragt. Das Team stellte fest, dass die Kinder die Berufe unterschiedlich einschätzten, was die Schwierigkeit und die Bezahlung anging. Ausschlaggebend war, ob die Berufe rein männlich („Ingenieur"), männlich und weiblich („Ingenieur und Ingenieurin") oder rein weiblich („Ingenieurin") bezeichnet wurden.

Die Kinder erhielten die Aufgabe, 16 Berufe zu bewerten. Acht Berufe waren „typisch männlich" (zum Beispiel „Automechaniker/-in"), fünf der Berufe „typisch weiblich" (zum Beispiel „Kosmetiker/-in"), drei Berufe wurden als „neutral" eingestuft (zum Beispiel „Sänger/-in"). Die Art der Berufsbezeichnung wurde in der Fragestellung variiert – manchmal wurde das generische Maskulinum genutzt, manchmal die Doppelform. Das Experiment war in zwei Teile gegliedert:

- Im ersten Teil sollten die Mädchen und Jungen beurteilen, wie sie einen Beruf in Bezug auf Anerkennung und Gehalt einschätzen.

- Im zweiten Teil sollten sie angeben, ob sie sich zutrauen würden, diese Berufe auszuüben.

Das Ergebnis ist spannend und eindeutig: Die Berufe, die nur in der männlichen Form benannt wurden, wurden als am schwierigsten erlernbar und am besten bezahlt eingestuft. Laut den Ergebnissen der Studie trauen sich zudem Mädchen das Erlernen eines solchen (männlichen, gut bezahlten) Berufs nicht zu.

Die Wahrnehmung änderte sich, wenn die Berufsbezeichnung in der männlichen *und* weiblichen Form angegeben wurde. Die Kinder, auch die Mädchen, glaubten dann eher, dass sie diese „Männerberufe" bewältigen können.

Hier wird der Einfluss von Sprache sehr deutlich: Ein Beruf, der offenbar ausschließlich von Männern übernommen wird, gilt als wichtig, schwer zu erlernen und gut bezahlt. In dem Moment, in dem durch die Verwendung der weiblichen Bezeichnung die Vorstellung erweckt wird, dass auch Frauen diese Aufgaben übernehmen können, steigt das Selbstbewusstsein der Kinder, sie trauen sich die Tätigkeiten eher zu. Infolge der Annahme, dass eine Aufgabe auch von Frauen durchgeführt werden kann, sinkt sowohl die angenommene Schwierigkeit der Tätigkeit als auch die geschätzte Bezahlung.

Diese Studie und die zuvor genannten Beispiele regen zum Nachdenken an, was den Zusammenhang zwischen typischen „Männer- bzw. Frauenberufen" und der jeweiligen Bezahlung angeht. Das Experiment zeigte übrigens auch, dass Jungen sich einen Beruf, der als typisch weiblich angesehen wird, wie zum Beispiel „Kosmetikerin", eher vorstellen können, wenn er gendergerecht („Kosmetikerinnen und Kosmetiker") bezeichnet wird.

Veränderungen in der Praxis

Für einige Tätigkeiten, Rollen und Berufe gab es lange Zeit gar keine weibliche Form. Das ist der Tatsache geschuldet, dass eine weibliche Form in der Vergangenheit gar nicht benötigt wurde. Die Frage, wie eine wahlberechtigte Frau oder ein weiblicher „Amtmann" angesprochen werden kann, spielte schlicht und ergreifend keine Rolle, weil es diese Personen nicht gab. In anderen Fällen gab es die Begriffe zwar, sie hatten aber eine andere Bedeutung. Das betrifft besonders Berufsbezeichnungen: Eine „Müllerin" zum Beispiel war nicht die Frau, die in einer Mühle Korn zu Mehl verarbeitete, sondern die Ehefrau des Müllers.

Mit der Einführung des Wahlrechts von Frauen in Deutschland im Jahr 1918 bzw. den ersten Frauen, die die Position „Amtfrau" übernahmen, kam es zu Irritationen in der Sprache. Vorerst entschied man sich für die pragmatische Lösung, die bisher verwendete Form – das heißt die männliche Form – schlichtweg zu übernehmen.

Wie bereits erwähnt, gibt es bis heute Frauen, die sich mit der maskulinen Bezeichnung ihres Berufs vorstellen: „Ich bin Steuerberater!", „Ich bin Lehrer", oder: „Ich bin Arzt!" Zu beobachten sind hier auch Unterschiede durch die Sozialisierung: In der ehemaligen DDR waren Frauen in einem weit höheren Maß berufstätig als in der Bundesrepublik. Auch Berufe, die in Westdeutschland als eher männlich galten und gelten, wie zum Beispiel „Techniker", wurden selbstverständlich auch von Frauen ausgeübt. Doch trotz der vermeintlichen Gleichstellung waren die Berufsbezeichnungen fast durchweg männlich.

Mit der Einführung des Allgemeinen Gleichbehandlungsgesetzes (AGG) im Jahr 2006, das auch als „Antidiskriminierungsgesetz" bekannt ist, sollte dieser Art von Ungleich- und im Ergebnis Schlechterbehandlung unterschiedlicher Personengruppen entgegengewirkt werden. Personen dürfen nicht aufgrund von Rasse oder ethnischer Herkunft, Geschlecht, Religion oder Weltanschauung, Behinderung, Alter oder sexueller Gesinnung benachteiligt werden. Stellenanzeigen müssen gendergerecht ausgeschrieben werden, sodass sich beide Geschlechter davon angesprochen fühlen. Die Idee dahinter ist ausgesprochen gut, besonders wenn man der oben beschriebenen Studie folgt, die deutlich macht, dass die Bezeichnung des Berufs sehr viel mit der Vorstellung zu tun hat, ob man einen Beruf ausüben kann oder möchte. Ob das mit dem gängigen Kürzel für männlich und weiblich – „(m/w)" – erreicht wird, ist allerdings zweifelhaft.

Was steht auf dem Firmenwagen?
Die Aufschrift auf einem Firmenwagen „Schweißer gesucht (m/w)" wird vermutlich trotz der vermeintlichen Ansprache beider Geschlechter nicht zu einer deutlichen Zunahme von Bewerbungen von Frauen führen. Interessant ist die Aufschrift auf einem anderen Firmenwagen: „Der Dachdecker ist eine Frau." Hier wurde scheinbar bewusst mit dem Rollenbild gespielt.

„Männerberufe" werden als schwieriger und zugleich als hochwertiger wahrgenommen als Berufe, die hauptsächlich von Frauen ausgeübt werden. Durch die Nennung beider Geschlechter bei Stellenbezeichnungen kann man stereotypen Vorstellungen entgegenwirken.

1.3 Die Wirkung der Medien und Stereotype

Gerade in den Medien gilt es, viele Informationen möglichst ansprechend und verständlich auf begrenztem Platz zu darzustellen. Da erscheint der Wunsch nach mehr Gleichberechtigung in der Sprache auf den ersten Blick wie die Quadratur des Kreises. Wie kann eine Nachricht formuliert werden, die diesen Ansprüchen gerecht werden soll? In der nicht nur die „1000 Polizisten im Einsatz", sondern auch die Polizistinnen erwähnt werden, die zu dieser Gesamtzahl deutlich beigetragen haben?

Hier bietet es sich an, auf alternative Begriffe und Formulierungen zurückzugreifen. Anstelle der erwähnten Polizistinnen und Polizisten könnte zum Beispiel der Begriff „Einsatzkräfte" verwendet werden. So kann das generische Maskulinum, also die ausschließliche Nennung der Polizisten, verhindert werden, es ist keine (vermeintlich) komplizierte Doppelnennung nötig und der stereotypen Annahme „Polizist = Mann" kann dadurch entgegengewirkt werden.

Vor- und Nachteile von Stereotypen

Stereotype sind per se eine sehr nützliche Angelegenheit. Unser Gehirn wäre mit der Vielzahl an Informationen, die jeden Tag auf uns einprasseln, überfordert, wenn es nicht die Möglichkeit hätte, jedes wahrgenommene Ereignis, jede Person oder jede Bewegung mithilfe stereotyper Vorstellungen automatisch einzuordnen. So helfen Stereotype durch den Alltag.
Wenn Sie ein Auto sehen, das mit hoher Geschwindigkeit durch die Straßen fährt, während Sirenengeräusche zu hören und ein Blaulicht zu sehen sind, bedeutet das vermutlich, dass ein Einsatzfahrzeug von Polizei oder Feuerwehr unterwegs ist, dem Sie den Weg frei machen sollten. In einer solchen Situation ist es völlig irrelevant, ob die Besatzung aus Männern oder Frauen besteht.
Außerhalb dieser akuten Situation ist es jedoch durchaus hilfreich, zu wissen, dass es sowohl Polizisten als auch Polizistinnen, dass es auch weibliche Feuerwehrkräfte oder Notärztinnen gibt. Um diese Gedanken zu

manifestieren, das heißt, um auch das Bild einer Poli-
zistin im Einsatz, einer Feuerwehrfrau, einer Notärztin
oder einer Dachdeckerin zur Norm zu machen, braucht
es viele Wiederholungen. Deswegen ist es hilfreich,
Personen bzw. Personengruppen entsprechend ihrem
Geschlecht zu benennen und dadurch sichtbar zu machen.

Versäumnisse der Medien

Hier haben die Medien deutlichen Nachholbedarf: Als
bei einer Wahl in Lübeck noch eine Frau und ein Mann
für das Bürgermeisteramt infrage kamen, formulierte
ein Radiosender die Frage: „Wer wird Lübecks neuer
Bürgermeister?" Hier kann von einer Sichtbarkeit der
Kandidatin keine Rede sein. Ob es ein Zufall ist, dass
der männliche Kandidat letztlich die Wahl gewonnen
hat, lässt sich nicht beurteilen.

Aber auch in Bereichen, in denen eine Sensibilität für
das Thema vorausgesetzt werden sollte bzw. könnte,
wird häufig in Klischees gedacht. In einer Radiosen-
dung wurde mit diversen Fachleuten über das Thema
„Einführung eines dritten Geschlechts" diskutiert. Es
ging um die Frage, was diese Gesetzesänderung für die
betroffenen Personen und ihr Umfeld bedeutet. Doch
auch hier wurde von „Ärzten und Hebammen" gesprochen, die von dieser Gesetzesänderung in ihrer Arbeit
betroffen wären. In den Werbepausen fordert das Fern-
sehen auf, bei Fragen „Ihren Arzt oder Apotheker" anzusprechen.

Unconscious Bias

Jemand ist „Herr seiner Sinne" oder „der Chef vom Ganzen", während Frauen immer noch häufig als „das schwache Geschlecht" bezeichnet werden. Was machen diese alltäglichen Vorurteile und die daraus abgeleiteten Redewendungen mit unserer Wahrnehmung?

Nicht nur, aber besonders im Bereich Gender wird ein Phänomen deutlich, das in den letzten Jahren als „Unconscious Bias" bekannt wurde. Das lässt sich, gemäß der Definition auf anti-bias.eu, mit „unbewusster Voreingenommenheit" bzw. „unbewussten Vorurteilen" übersetzen. Hierzu ein Beispiel, das ich auf der Website sciencev1.orf.at gefunden habe:

Ein Vater mit seinem Sohn sind in einen schweren Autounfall verwickelt, der Vater verstirbt noch am Unfallort. Der Sohn wird mit dem Rettungswagen in das nächste Krankenhaus gefahren, wo die diensthabenden Chirurgen bereits auf ihn warten. Ein Mitglied des Teams beugt sich über den Jungen und sagt: „Ich kann dieses Kind nicht operieren – das ist mein Sohn!"

Personen, die zu diesem Text befragt werden, geben in der Regel sehr fantasievolle Antworten: Es könne sich bei dem Chirurgen um den Stiefvater des Kindes handeln oder der verunglückte Mann sei möglicherweise nicht der leibliche Vater des Jungen. Ebenfalls beliebt sind Interpretationen, die sich im Bereich des Übersinnlichen abspielen: Der Vater sei gar nicht wirklich tot oder er sei – quasi umgehend – in den Körper eines der Chirurgen reinkarniert.

Auf die so simple wie naheliegende Lösung kamen die meisten Befragten erst nach längerem Nachdenken bzw. mithilfe von Hinweisen: Bei mindestens einem Mitglied des Chirurgen-Teams handelt es sich um eine Frau. Sie ist die Mutter des Jungen. (Ebenfalls möglich wäre die Annahme eines gleichgeschlechtlichen Paares. Dies wäre eine weitere Lösung, die zumindest noch ein Verständnis für Diversität gezeigt hätte.)

Spätestens hier wird deutlich, dass „mitgemeint" häufig das Gegenteil von „mitgedacht" ist. Die Erklärung dafür ist einfach: Bei Bezeichnungen wie „Arzt" oder „Chirurg" entstehen vor dem inneren Auge Bilder, die ganz klar männlich sind. Das Wissen, dass natürlich auch Frauen diese Berufe ausüben können, ist zwar gegeben, aber die für das Gehirn einfachste – und damit beste – Lösung besteht darin, das Naheliegende zu denken: Chirurg = Mann. Diese Art des Denkens bzw. die Vorab-Annahme („Chirurg = Mann) nicht gegebener Informationen ist etwas, das allen Menschen gemeinsam ist. Das Gehirn nimmt quasi eine Abkürzung, es nimmt etwas an, was wahrscheinlich erscheint. Unabhängig davon, ob es tatsächlich stimmt oder nicht.

30 *In den Medien wird häufig eine Sprache genutzt, die eine tradierte Rollenverteilung suggeriert: Im Einsatz sind „Feuerwehrmänner", „Polizisten" und „Ärzte", die von „Assistentinnen" unterstützt werden. Auf diese Weise werden Stereotype und Vorurteile geprägt und verstärkt.*

1.4 Gendergerechtigkeit in der Erziehung

Eine der ersten Informationen, die werdende Eltern über ihr Kind erhalten, ist die, welches Geschlecht es hat. Die erste Frage, die Eltern gestellt wird, ist die, ob es sich um einen Jungen oder ein Mädchen handelt. Dieses Vorgehen entspricht so sehr der Norm, dass es vermutlich niemand infrage stellt. Erstaunlich ist, dass, je nach Antwort, die Kinder anders wahrgenommen und angesprochen werden. Die Frage, inwieweit sich das Verhalten eines Kindes durch sein biologisches Geschlecht (Junge oder Mädchen) erklärt und inwieweit es durch das soziale Geschlecht (Gender im eigentlichen Sinne) geprägt ist, lässt sich nicht eindeutig beantworten. Durch das Betonen der Unterschiede statt der Gemeinsamkeiten kommt es jedoch schon sehr früh zu einer Verfestigung von Geschlechterklischees.

Was ist Gender?
Die Begriffe „Gender" oder „Gendergerechtigkeit" werden im Zusammenhang mit dem Thema Sprache und Geschlecht fast zwangsläufig genannt. Aber was genau ist Gender eigentlich? Zum besseren Verständnis kann ein Zitat der französischen Philosophin Simone de Beauvoir beitragen: „Man kommt nicht als Frau zur Welt, man wird es." Hier wird deutlich, dass neben dem biologischen Geschlecht, das qua Geburt gegeben ist (weiblich, männlich oder intersexuell), auch die Prägung durch Umwelt und Umfeld

eine wichtige Rolle für die Entwicklung der Persönlichkeit und der Geschlechtsidentität eines Menschen spielt. Dies bezeichnet man als „soziales Geschlecht" bzw. „Gender". Geschlechterstereotype („typisch Mann!" oder „typisch Frau!") stehen dabei der Realität im Weg und erschweren den Blick auf Individualität.

Kinder und Rollenbilder

Schon sehr kleine Kinder werden auf Rollenbilder festgelegt. Bereits im Kindergartenalter werden die Kinder mit Geschlechterstereotypen konfrontiert. Es gibt Spielsachen bzw. Spiele „für Mädchen" und „für Jungen". Diese Trennung wird häufig durch verschiedene Farben (rosa für Mädchen, blau für Jungen) oder unterschiedliche Arten des Spielens (Actionspiele für Jungen, Ausmalbücher für Mädchen) verdeutlicht. Unabhängig von späteren Präferenzen bedeuten diese Unterschiede eine Auseinandersetzung mit dem eigenen Geschlecht und den Erwartungen, die damit verknüpft werden. Zwar wird sich vermutlich kein fünfjähriger Junge rational damit auseinandersetzen, warum seine Eltern verwundert reagieren, wenn er sich die Nägel lackieren, einen Rock tragen oder einen Schulranzen mit rosa Einhörnern haben möchte. Er wird aufgrund ihrer Reaktionen aber sehr wohl wahrnehmen, dass sein Verhalten nicht der Norm entspricht.

Das heißt, dass das Geschlecht bereits für Kinder eine größere Rolle spielt, als man annehmen könnte. Neben der grundsätzlichen Zuschreibung von Rollen gibt es einen weiteren interessanten Aspekt: Mädchen, die sich „wie Jungen" verhalten, sind gesellschaftlich eher akzeptiert als Jungen, die sich „wie Mädchen" verhalten. In Kinderbuchklassikern wie „Pippi Langstrumpf" oder „Ronja Räubertochter" werden Mädchen mit eher ruppigem Auftreten als Sympathieträgerinnen dargestellt, die als Rollenvorbild dienen können. Ein entsprechendes Buch, in dem der Held ein Junge ist, der sich wie ein Mädchen benimmt, konnte auch auf Nachfragen im Buchhandel nicht gefunden werden.

Wie viel Gender brauchen Kinder?

Es stellt sich die Frage, ob es überhaupt nötig ist, ständig zwischen Mädchen und Jungen zu unterscheiden. In diesem Zusammenhang ist ein Ansatz der Politikwissenschaftlerin Antje Schrupp sehr interessant. Schrupp weist darauf hin, dass das ständige Bewusstsein über das jeweilige Geschlecht dazu führt, dass eine permanente subtile Beeinflussung stattfindet, auch wenn eine Unterscheidung qua Geschlecht völlig unnötig sei: „Menschen sind ja vielerlei, sie gehören zu allen möglichen Kategorien und Gruppierungen, sie haben Haut- und Haarfarben, Körpergrößen, Berufe, Interessen, Sprachen, Nationalitäten, Herkunftsregionen und so weiter. Aber die meisten davon haben wir nicht ständig im Kopf. Wir würden etwa nicht auf die Idee kommen, Kugelschreiber für Leute über 1,70 Meter Körpergröße und solche für Leute unter 1,70 zu bewerben. Oder unterschiedliche Buggys je nachdem, ob das Kind braune oder rote Haare hat."

Hier zeigt sich ein ganz anderer Aspekt der Gendergerechtigkeit: Geschlecht sollte nur dort eine Rolle spielen, wo es tatsächlich relevant ist. Neben der grundsätzlichen Frage, ob es Brotdosen wirklich „für Jungen" und „für Mädchen" geben muss – oder einfach für Brot –, ist das auch deshalb problematisch, weil auf diese Weise Geschlechterstereotype transportiert werden. Und das bedeutet noch immer: „Superhelden" für Jungen, „Prinzessinnen" für Mädchen. Hier ist es aus Sicht von Pädagoginnen und Pädagogen ein sinnvoller Ansatz, das Geschlecht zu ignorieren und auf das Kind mit den jeweiligen Bedürfnissen zu schauen, statt (vermeintliche) Unterschiede zu zementieren.

Das Skurrilste, was ich in diesem Zusammenhang bei meiner Recherche entdeckt habe, waren Scheren zum Durchtrennen der Nabelschnur – in Rosa bzw. Blau! Was passiert, wenn die Nabelschnur mit der „falschen" Schere durchtrennt wird, wurde leider nicht dokumentiert. (www.stern.de/familie/kinder/nabelschnurscheren-in-rosa-und-blau---k-ein-schlechter-witz-aus-dem-kreisssaal--8445476.html)

Zu blond für Mathe?

Erfahrungsgemäß werden die Unterschiede zwischen Mädchen und Jungen mit zunehmendem Alter eher größer, was sich nicht nur, aber sehr deutlich in Wahrnehmung und Sprache zeigt. Auch wenn Frauen theoretisch immer mitgemeint sein sollen, bedeutet es noch lange nicht das Gleiche, wenn zwei das Gleiche tun. Jemand, der auf den Tisch haut, wird je nach Geschlecht anders beurteilt – entweder als durchsetzungsstark (männlich) oder als hysterisch (weiblich).

Neben den klassischen Vorurteilen und Rollenklischees („Nun heul mal nicht so, du bist doch kein Mädchen!") sind es häufig Mädchen und Frauen, die mit diesen Klischees „spielen" („Ich bin ein Mädchen, ich kann kein Mathe!" oder „Ich bin einfach zu blond dafür!"). Ich habe es noch nie erlebt, dass ein Mann als Rechtfertigung eventueller Schwächen seine Haarfarbe genannt hätte („Ich kann leider den Reifen nicht wechseln, ich bin brünett!"). Hier wäre es Sache der Frauen, ihr Selbstbild zu überdenken und sich auf Fakten statt auf Haarfarben zu beziehen.

Männer haben in unserer Gesellschaft nach wie vor eine privilegierte Position. Gendergerechte Sprache möchte dem entgegenwirken.

- *Noch immer wird zwischen angeblichen „Männerberufen" und „Frauenberufen" unterschieden, wobei „Männerberufe" als anspruchsvoller gelten und besser bezahlt werden.*
- *In den Medien werden, oft unbewusst, tradierte Rollenvorstellungen vermittelt.*
- *In der Erziehung wird zwischen Jungen und Mädchen unterschieden, selbst in Bereichen, in denen das Geschlecht keine Rolle spielt.*

30 MINUTEN

2. Diskriminierung durch Sprache

Der Begriff „Diskriminierung" bedeutet im ursprünglichen Sinne des Wortes „unterscheiden, abgrenzen", also zunächst einmal (vermeintlich) nichts Negatives. Es bleibt jedoch nicht bei einer grundsätzlichen Unterscheidung (zum Beispiel zwischen Männern oder Frauen), sondern es werden weitere Annahmen getroffen. Wenn Personen wegen ihres Geschlechts im Sprachgebrauch oder in der Ausübung einer beruflichen Tätigkeit diskriminiert werden, wird schnell deutlich, dass es sich hierbei um eine Ungleichbehandlung handelt, die eine Person bzw. Personengruppe schlechter stellt als andere. Die Herausforderung ist, zu erkennen, wann es sich um eine Herabwürdigung handelt: Ob sich jemand diskriminiert fühlt, entscheiden die betroffenen Personen – und nicht diejenigen, die diese Formulierungen nutzen.

2.1 Mittelbare und unmittelbare Diskriminierung

„Da hinten kommt meine Kollegin!" „Die Brünette?" „Nein, die mit den blonden Haaren!" In diesem Dialog dient die Angabe der Haarfarbe einfach der Beschreibung einer Person. „Alle Blondinen sind doof!" hingegen unterscheidet zwar ebenfalls eine Gruppe von Personen (die mit blonden Haaren) von anderen (alle, die keine blonden Haare haben), ist jedoch eindeutig abwertend (und völlig sinnfrei).

Gesetzliche Grundlagen

Es muss also zwischen den verschiedenen Formen von Diskriminierung unterschieden werden, wobei Diskriminierung im negativen Sinne lediglich den abwertenden Gebrauch der Unterscheidung meint. Bereits 1949 galt mit Artikel 3 des Grundgesetzes der Gleichbehandlungsgrundsatz:

- Alle Menschen sind vor dem Gesetz gleich.
- Männer und Frauen sind gleichberechtigt. Der Staat fördert die tatsächliche Durchsetzung der Gleichberechtigung von Frauen und Männern und wirkt auf die Beseitigung bestehender Nachteile hin.
- Niemand darf wegen seines Geschlechts, seiner Abstammung, seiner Rasse, seiner Sprache, seiner Heimat und Herkunft, seines Glaubens, seiner religiösen oder politischen Anschauungen benachteiligt oder

bevorzugt werden. Niemand darf wegen seiner Behinderung benachteiligt werden.

Durch das Allgemeine Gleichbehandlungsgesetz (AGG) wird seit seiner Einführung 2006 klar geregelt, dass keine Benachteiligungen aufgrund dieser personenbezogenen Merkmale entstehen dürfen: Rasse oder ethnische Herkunft, Geschlecht, Religion oder Weltanschauung, Behinderung, Alter (jedes Lebensalter), sexuelle Identität. Ein lobenswerter Ansatz, der unter anderem dazu führte, dass Stellenanzeigen formal gendergerecht formuliert werden müssen (siehe Kap. 1.2).

Eine bedauerliche „Nebenwirkung" des AGG
Im Vorfeld der Einführung des AGG gab es besonders aufseiten von Unternehmen, die Stellen inserieren wollten, Bedenken. Die Angst, dass abgelehnte Bewerber oder Bewerberinnen klagen könnten, weil sie sich diskriminiert fühlten, war groß. Das führte leider dazu, dass Personen, die bei einer Stellenbesetzung nicht berücksichtigt werden, kein qualifiziertes Feedback erhalten. Stattdessen geht man auf Nummer sicher mit Standards wie „Wir haben uns leider für jemand anderen entschieden. Die Gründe dafür sind vielfältig und liegen weder in Ihrer Person noch Ihrer Qualifikation." Das ist insofern bedauerlich, als es den abgelehnten Bewerberinnen und Bewerbern die Möglichkeit nimmt, ihre Bewerbung oder ihr Auftreten zu reflektieren, um es beim nächsten Mal besser zu machen.

Das AGG erlaubt noch immer viele Möglichkeiten der Ungleichbehandlung: Wenn Sie für eine Opernaufführung die Rolle der Carmen besetzen möchten, ist das weibliche Geschlecht wegen der Art der auszuübenden Tätigkeit eine unverzichtbare Voraussetzung – Sie dürfen sich also explizit an Sängerinnen wenden und Sänger tatsächlich ausschließen. So weit, so gut. Leider bietet auch das beste Gesetz Nischen und Schlupflöcher, die eine Schlechterstellung ermöglichen.

„Mittelbar" und „unmittelbar"?

Wichtig ist in diesem Zusammenhang die Unterscheidung zwischen mittelbarer und unmittelbarer Diskriminierung. Das ist zum Beispiel im Arbeitsrecht sehr gut zu sehen: Es ist nicht erlaubt, Frauen schlechter zu bezahlen. Das wäre eine unmittelbare Diskriminierung. Möglich ist es jedoch, bestimmte Gruppen von Vergünstigungen auszuschließen, etwa Teilzeitkräfte nicht an bestimmten Fortbildungen teilnehmen zu lassen. Wenn diese Gruppe zu 95 Prozent weiblich ist, kommt dies de facto einer Diskriminierung von Frauen gleich – allerdings ist dies eine mittelbare Diskriminierung, die sich schwerer verhindern lässt.

Es gibt verschiedene Formen von Diskriminierung. Nicht immer sind diese auf den ersten Blick als solche erkennbar. Insbesondere mittelbare Diskriminierung lässt sich auch durch geltende Gesetze kaum verhindern.

2.2 Auf der Suche nach angemessenen Begriffen

Ich bin 1970 geboren und damit aufgewachsen, dass der Vater von Pippi Langstrumpf ein „Negerkönig" war. Dieser Begriff entsprach damals noch dem Zeitgeist und erst deutlich später stieg die Wahrnehmung dafür, dass es sich dabei um einen diskriminierenden Begriff handelt. Im Laufe der Jahre wurden diverse Kinderbücher neu aufgelegt: Pippis Vater ist jetzt zum Beispiel „Südseekönig". Und in Otfried Preußlers Klassiker „Die kleine Hexe" gehen die Kinder jetzt auch nicht mehr als „Chinesen" oder „Eskimos" zum Fasching. Die Begründung für die Umbenennung ist in diesen Fällen klar und nachvollziehbar: Die genannten Personengruppen empfanden die vorher verwendeten Begriffe als Diskriminierung.

Ist das wirklich diskriminierend?

Betrachtet man das Beispiel „Eskimo" etwas genauer, kommt es aber zu einer gewissen Verwirrung. Das früher gebräuchliche Wort „Eskimo" stand vor einigen Jahren auf der schwarzen Liste, weil es angeblich so etwas wie „Rohfleischesser" bedeutet und als diskriminierend eingestuft wurde. Aus diesem Grund wurde der Begriff „Eskimo" nahezu umgehend und zeitnah aus Schul- und Kinderbüchern entfernt. Wenn die indigenen Volksgruppen, die hauptsächlich in Grönland leben, benannt werden sollen, wird jetzt von „Inuit" gesprochen.

Interessant wird es, wenn man im aktuellen Duden nachliest: „Die Bezeichnung Eskimo wird gelegentlich als diskriminierend empfunden, obwohl die Wortbedeutung ‚Rohfleischesser' inzwischen als sprachwissenschaftlich widerlegt gilt." Das bedeutet, dass ein Begriff möglicherweise voreilig durch einen anderen ersetzt wurde, wobei der neue Begriffe in diesem Fall tatsächlich diskriminierend ist: Denn „Inuit" bezieht sich nur auf einen Teil dieser Völkergruppe, schließt also viele Personen aus, die „mitgemeint" sind.

Nebenbei bemerkt: 2016 lebten in Deutschland ca. 41,83 Millionen Frauen. Es ist erstaunlich, dass diese Personengruppe im Gegensatz zu der vermutlich deutlich weniger repräsentierten Gruppe von Menschen aus Grönland oder der Arktis so viel weniger Aufmerksamkeit in der Sprache erlebt.

Die Euphemismus-Tretmühle

Dem Wunsch entsprechend, so wenig wie möglich zu diskriminieren, werden Bezeichnungen häufig geradezu inflationär verändert, da man befürchtet, dass Wörter negativ konnotiert oder politisch inkorrekt sein könnten. Das führt mitunter zu einem geradezu skurrilen Phänomen, das als „Euphemismus-Tretmühle" bezeichnet wird. Dieser Ausdruck wurde von Steven Pinker eingeführt und bezieht sich darauf, dass beschönigende Begriffe, sogenannte Euphemismen, im Laufe der Zeit die negative Konnotation des Vorgängerbegriffs annehmen. (de.wikipedia.org/w/index.php?title=

Euphemismus-Tretm%C3%BChle&oldid=179980779)
Ein Euphemismus per se ist eine Beschönigung oder Verharmlosung. „Hohe Luftfeuchtigkeit" klingt deutlich besser als „Starkregen", „beratungsresistent" noch immer freundlicher als „stur", und eine Klausur mit einem „suboptimalen" Ergebnis wirkt besser als eine nicht bestandene Arbeit. Generell werden dadurch jedoch die eigentlichen Bedeutungen verfälscht.

Euphemismen sind im täglichen Umgang mit Menschen ein Instrument, um die Realität freundlicher darzustellen. Dies funktioniert jedoch nur, wenn sich auch die Realität verändert und nicht nur die Begriffe. Sonst kommt es zur eben beschriebenen Euphemismus-Tretmühle: Am laufenden Band werden Begriffe umformuliert, um eine negative Konnotation zu vermeiden. In Bezug auf gendergerechte Sprache bedeutet das, dass neue Formulierungen allein vermutlich nicht zu einem tatsächlichen Umdenken bzw. einer anderen Wahrnehmung führen werden. Dazu ein Beispiel, bei dem es um eine andere Personengruppe geht, die ebenfalls von Diskriminierung betroffen ist:

Vor dem Ersten Weltkrieg (1914–1918) wurden Menschen mit Behinderungen mit dem aus heutiger Sicht diskriminierenden und diffamierenden Begriff „Krüppel" bezeichnet. Nach dem Ersten Weltkrieg setzten sich zunächst die Formulierungen „Invalide", „behindert" bzw. „körperbehindert" durch, die von „Menschen mit Behinderungen" oder „Menschen mit Handicap" quasi abgelöst wurden. Aktuell werden die Bezeichnungen „Menschen mit besonderen Bedürfnissen" oder „Menschen mit Beeinträchtigungen" als politisch korrekt angesehen und verwendet.

Sicher ist für jeden klar nachvollziehbar, dass die Ursprungsbegriffe in diesem Beispiel heute absolut indiskutabel sind. Viel wichtiger als die Einführung neuer Begrifflichkeiten wäre jedoch eine Veränderung in der Wahrnehmung. Ein neues Etikett wie „Menschen mit besonderen Bedürfnissen" hilft Personen, die diese besonderen Bedürfnisse haben, wenig, wenn nicht gleichzeitig ein Umdenken stattfindet.

Dies gilt selbstverständlich gleichermaßen für andere Personengruppen. Die aktuelle politisch korrekte Bezeichnung für Menschen, die im tatsächlichen und übertragenen Sinne kein Dach über dem Kopf haben, ist beispielsweise nicht mehr „Obdachlose", sondern „Wohnungssuchende". Das klingt besser, ändert aber rein gar nichts an der Tatsache, dass sich eine solche Person in einer prekären Lage befindet.

Das Ziel ist eine echte Veränderung

Mit diesen Überlegungen möchte ich keineswegs zu einer Rückkehr zu alten, diskriminierenden Begriffen aufrufen. Gendergerechte Sprache ist ein (guter) Anfang – aber der Weg bis zu einer tatsächlichen Gleichberechtigung ist weit. Hier spielen Themen wie Zeitgeist, Wertewandel, Generationen und Traditionen ebenfalls eine große Rolle. Einer „Familienmanagerin" (früher bekannt als „Hausfrau") wird es vermutlich ähnlich ge-

hen wie einer Person, der aus Alters- oder Krankheits-
gründen „das Essen angereicht wird" (was früher als
„füttern" bezeichnet wurde) – Anerkennung, Respekt
und Freundlichkeit sind mindestens ebenso wichtig
wie eine adäquate Formulierung. Das heißt, auch wenn
Frauen in der Sprache sichtbar sind, werden sie nicht
automatisch „gleich" bzw. „gerecht" behandelt und
wahrgenommen.

Redensarten und Sprichwörter
Die Ungleichbehandlung und unterschiedliche Wahrnehmung zeigt sich auch darin, dass Sprichwörter
und Redewendungen, die männlich konnotiert sind,
eher als Aufwertung zu verstehen sind. „Sie steht
ihren Mann!" oder jemand – auch wenn es sich um
eine Frau handelt – ist „Herr seiner Sinne" hat eine
positive Bedeutung. Ein Junge bzw. Mann hingegen,
dem unterstellt wird, „er benimmt sich wie ein
Mädchen" wird dies vermutlich nicht als Kompliment
auffassen. Um allen Klischees gerecht zu werden:
„Ein Mann, ein Wort! Eine Frau, ein Wörterbuch!",
oder auch immer noch gern genannt: „‚Herr' kommt
von ‚herrlich' – und nun überlegen Sie mal, woher
der Begriff ‚Dame' kommt ..."
Es ist zu befürchten, dass besonders dieser Teil der
Sprache noch sehr lange brauchen wird, um sich zu
verändern.

Es geht auch ohne „Fräulein"
Beenden wir dieses Kapitel über die Suche nach ange-
messenen Begriffen mit einem bekannten Beispiel, bei

dem sich ein Begriff schlichtweg als überflüssig entpuppte: Bereits 1972 wurde verfügt, dass der Begriff „Fräulein" in Bundesbehörden nicht mehr zu verwenden sei. Ziel war es, die Gleichstellung von Mann und Frau deutlich zu machen. Trotzdem war der Begriff im Sprachgebrauch noch lange präsent, oft unabhängig von seiner tatsächlichen Bedeutung. Die Anrede „Fräulein" war ursprünglich die offizielle Anrede für unverheiratete Frauen – egal welchen Alters. Häufig wurden berufstätige Frauen wie zum Beispiel Kellnerinnen ebenfalls als „Fräulein" bezeichnet. Man ging stillschweigend davon aus, dass eine verheiratete Frau keiner Berufstätigkeit nachgehen würde. Das ist insofern nachvollziehbar, als Frauen bis 1977 die Erlaubnis ihres Ehemannes brauchten, wenn sie einer Erwerbstätigkeit nachgehen, das heißt arbeiten wollten. Diese Situation war also tatsächlich eher die Ausnahme.

Die Zeiten haben sich geändert und heute wird (hoffentlich!) niemand mehr auf die Idee kommen, eine Frau aufgrund ihres Familienstandes oder ihrer Berufstätigkeit als „Fräulein" zu titulieren.

Der Begriff „Fräulein" war eine der Bezeichnungen, die Luise F. Pusch und Senta Trömel-Plötz, zwei Vorreiterinnen der feministischen Linguistik, als sexistisch und unangemessen angesehen haben. Definitionsgemäß ist es Sexismus, „wenn eine Person aufgrund ihres Geschlechts benachteiligt wird und infolgedessen sprachliche Diskriminierung oder sprachliche Nichtbeachtung erfährt" (Samel, 2000, S. 126). Demnach ist dieser Vorwurf absolut nachvollziehbar. Frauen wurden durch die Anrede „Fräulein" diskriminiert, denn die Verwendung des Diminutivs (Verniedlichungsform) gab es ja nur für Frauen. Die Anrede „Herr" hingegen galt und gilt schon immer für Männer jeden Alters und Familienstandes. Oder haben Sie schon einmal einen jungen, eventuell unverheirateten Mann als „Herrlein" bezeichnet?

Zunehmend wird darauf geachtet, diskriminieren-de Begriffe zu vermeiden. Dabei können auch vermeintlich neutrale Begriffe tatsächlich sexistisch sein. Beim Versuch, diese durch adäquate Formulierungen zu ersetzen, ist es jedoch wichtig, nicht nur immer wieder neue Euphemismen zu finden, sondern auch in der Realität Veränderungen anzustoßen.

30

2.3 Wie viel Gender verträgt der Sprachgebrauch?

In den vorherigen Kapiteln ist hoffentlich klar geworden, welche Dimensionen Diskriminierung hat und warum es wichtig ist, ihr auf sprachlicher Ebene entgegenzuwirken. Am Beispiel der Euphemismus-Tretmühle wurde jedoch bereits deutlich, dass nicht alle Maßnahmen wirklich zielführend sind. Kann man es im Kampf gegen Diskriminierung auch übertreiben? Wie klingt die folgende Unterhaltung für Sie?

„Schatz, schreibst du bitte noch Studierendenfutter auf den Einkaufszettel? Und dann sollten wir auch losfahren, ich wollte noch einen Rhabarbara-Kuchen backen, bevor unsere Gästinnen kommen. Außerdem steht das Auto ganz ungünstig auf dem Bürgerinnensteig, die Fußgängerinnen haben schon geschimpft." „Ja, ich suche nur gerade die Anspitzerin, der Bleistift ist stumpf!" „Dann hole ich schon mal die Staubsaugerin und mache ein bisschen Ordnung, bevor wir losfahren." „Prima, und falls in der Zwischenzeit eine anruft, kann sie ja eine Nachricht auf der Anrufbeantworterin hinterlassen!"

Dieses Beispiel ist vollständig überzogen und hat nichts mit den Forderungen gendergerechter Sprache zu tun. Es ist ein schmaler Grat zwischen berechtigten Ansprüchen nach mehr Sichtbarkeit und dem Gefühl „Okay, jetzt wird es albern!". Ziel der gendergerechten Sprache ist es, verschiedene Geschlechter sichtbar zu machen. Meines Erachtens braucht es dazu weder einen „Führerinnenschein" noch die „Salzstreuerin".

Bei der Frage, ob der geltenden Grammatik, der besseren Verständlichkeit oder der Berücksichtigung diverser Personen und Personengruppen Vorrang gegeben werden sollte, kann im Zweifel der gesunde Menschenverstand helfen. Denn nicht immer ist das, was gesagt wurde, auch das, was gemeint ist, wie das Zitat von Papst Johannes XXIII. vermuten lässt: „Jeder kann Papst werden; der beste Beweis dafür ist, dass ich selbst einer geworden bin." Gendern „auf Teufelin komm raus" ist ebenso wenig sinnvoll wie die ausschließliche Verwendung des generischen Maskulinums.

Im ursprünglichen Sinne bedeutet „diskriminieren" nur „unterscheiden". Heute bezeichnet der Begriff jedoch eine Ungleichbehandlung, bei der eine Personengruppe schlechter gestellt ist.

- *Wichtig ist der Unterschied zwischen unmittelbarer Diskriminierung, gegen die es Gesetze gibt, und mittelbarer Diskriminierung, die schwerer zu verhindern ist.*
- *Der Kampf gegen Diskriminierung wirkt sich auf den Sprachgebrauch aus. Alte, als diskriminierend empfundene Begriffe werden durch angemessene Alternativen ersetzt.*
- *Nicht diskriminierende, gendergerechte Sprache ist wichtig, doch bei der Wahl der Maßnahmen sollte der gesunde Menschenverstand nicht außen vor gelassen werden.*

30 MINUTEN

3. Gendergerechte Sprache in der Praxis

Beim Thema gendergerechte Sprache kommt man an der Problematik des generischen Maskulinums nicht vorbei. Es ist die aktuell gängige Form, von gemischten Personengruppen oder Personen unbekannten Geschlechts zu sprechen. Man nutzt dabei Substantive und Pronomen im Maskulinum und setzt voraus, dass Frauen „selbstverständlich mitgemeint" sind. Studien beweisen jedoch, dass diese fehlende Sichtbarkeit in der Sprache zur Benachteiligung von Frauen führt. Zum Glück gibt es zahlreiche Alternativen, die es erlauben, sich gendergerecht und zugleich verständlich auszudrücken. Dennoch steht gendergerechte Sprache in der Kritik, wobei viele der oft genannten Argumente nicht oder nur bedingt haltbar sind. Gendergerechte Sprache bedeutet Anerkennung und Sichtbarkeit der verschiedenen Geschlechter. Dafür lohnt es sich, sprachliche Veränderungen in Kauf zu nehmen.

3.1 Warum das generische Maskulinum keine Lösung ist

Eine Lebensweisheit besagt: „Wenn etwas nicht kaputt ist, musst du es auch nicht reparieren!" oder „Never touch a running system!", was in etwa bedeutet: Wenn etwas funktioniert, lässt man am besten die Finger davon, bevor man es „verschlimmbessert" oder ganz kaputt macht. Woher also der Wunsch nach Veränderung in der Sprache?

Was ist das generische Maskulinum?

Das, was im deutschen Sprachraum aktuell die Norm ist, wird „generisches Maskulinum" genannt. Der Begriff klingt etwas sperrig, tatsächlich bezeichnet er aber die seit Jahrhunderten gängige Variante, Personen bzw. Personengruppen zu benennen, deren Geschlecht nicht bekannt bzw. nicht relevant ist. Man nutzt in diesem Fall Substantive und Pronomen, deren grammatisches Geschlecht maskulin, also männlich ist.

Geschlecht ist nicht gleich Geschlecht
Wichtig ist an dieser Stelle, dass wir mit „Geschlecht" unterschiedliche Dinge bezeichnen. So lassen sich vier Arten von Geschlecht unterscheiden:
- Grammatisches Geschlecht
- Semantisches Geschlecht
- Soziales Geschlecht
- Biologisches Geschlecht

Das grammatische Geschlecht von „der Löffel" ist maskulin, das von „die Gabel" ist feminin. Semantisch (der Bedeutung nach) sind Löffel und Gabel aber weder männlich noch weiblich – anders als „der Lehrer" (auch semantisch männlich) oder „die Lehrerin" (auch semantisch weiblich).

Beim sozialen Geschlecht („Gender") und biologischen Geschlecht („Sex") verlassen wir die sprachliche Ebene, weshalb diese Unterscheidung im Hinblick auf das generische Maskulinum zunächst zweitrangig ist. Das soziale/biologische Geschlecht kann anhand eines Wortes erkennbar sein, muss es aber nicht, wie wir im Folgenden sehen werden.

Betrachten Sie einmal den Satz: „Der Lehrer entscheidet über die Umsetzung des Lehrplans." Er richtet sich an alle Lehrkräfte, unabhängig davon, ob es sich um Männer oder Frauen handelt. Mit dem Begriff „Lehrer" soll jeder Mensch, der diesen Beruf ausübt, bezeichnet werden und nicht eine einzelne Person. In solchen Fällen wird momentan noch oft das generische Maskulinum verwendet. Die Lehrerin ist hier „mitgemeint", aber nicht sichtbar.

Noch üblicher und verbreiteter ist das generische Maskulinum, wenn es um Personen im Plural (Mehrzahl) geht, zum Beispiel: „Heute machen alle Lehrer eine Fortbildung!" Lehrer – nicht Lehrerinnen! Dabei ist es nicht relevant, ob es sich dabei tatsächlich um eine rein männliche oder um eine gemischte Gruppe handelt. Eine Gruppe von Lehrerinnen und Lehrern wird also pauschal als „die Lehrer" bezeichnet, unabhängig von der tatsächlichen Geschlechterverteilung. Selbst eine große Gruppe von Lehrerinnen, in der es ein oder zwei männliche Kollegen gibt, ist in der Wahrnehmung „die Lehrer". Die Endung „-innen" wie bei „Lehrerinnen" wird bei einer heterogenen Gruppe selten verwendet, sondern meist nur für homogen weibliche Gruppen.

Solange es sich tatsächlich nur um männliche Lehrkräfte handelt, ist die Form „die Lehrer" sowohl grammatikalisch als auch semantisch völlig korrekt. Schwierig wird es, wenn sich in der Gruppe der Lehrer auch eine Lehrerin befindet. Erst dann wird aus „die Lehrer" ein generisches Maskulinum.

Der weibliche Plural ist reinen Frauengruppen vorbehalten, der männliche Plural kommt hingegen, als generisches Maskulinum, schon dann zum Einsatz, wenn sich auch nur ein einziger Mann in der Gruppe befindet. Probieren Sie es einmal aus:

99 Lehrerinnen und ein Lehrer sind im alltäglichen Sprachgebrauch „100 Lehrer" und nicht „100 Lehrerinnen". Der Umkehrschluss funktioniert jedoch nicht: 99 Lehrer und eine Lehrerin werden nicht etwa „100 Lehrerinnen", sondern ebenfalls „100 Lehrer".

Das hat zur Folge, dass Frauen in der Sprache weniger präsent bzw. nicht mehr vorhanden sind, sobald es sich um gemischte Gruppen handelt. Oder noch deutlicher: Durch die Verwendung des generischen Maskulinums sind Frauen in der Sprache weniger sichtbar als Männer.

Wo genau liegt das Problem?

Die Grundidee des generischen Maskulinums lässt sich so formulieren: „Genus ist nicht gleich Sexus!" Das ist sachlich richtig, wie im Kasten „Geschlecht ist nicht gleich Geschlecht" bereits erläutert wurde. Das grammatische Geschlecht ist nicht gleichbedeutend mit dem sozialen/biologischen Geschlecht. „Die Lampe" ist keine Frau, ebenso wie „der Tisch" kein Mann ist. Auf diese Tatsache stützt sich die Argumentation, Frauen könnten beim generischen Maskulinum problemlos „mitgemeint" werden. Mit „Lehrer" ließen sich demnach alle Lehrkräfte ansprechen, auch die Frauen. Viele Lehrerinnen (ebenso wie Frauen anderer Berufsgruppen) sind mit diesem Vorgehen durchaus einverstanden.

Scheinbar lässt sich das generische Maskulinum auf diese Art rechtfertigen – doch es gibt ein Problem: „Genus ist nicht gleich Sexus" mag in der Theorie richtig sein, in der Praxis stellt es sich aber anders dar, denn das Gehirn kann nicht unterscheiden, ob sich die gehörte Bezeichnung auf das grammatische oder reale Geschlecht bezieht.

Die spontane Assoziation beim Wort „Lehrer" ist in den meisten Fällen die eines männlichen Lehrers bzw. mehrerer männlicher Lehrer, nicht die einer Lehrerin. Die männliche Form der Ansprache führt also häufig zu der Assoziation „Mann", auch wenn „alle" angesprochen werden sollen. Die Lehrerinnen sind in diesem Moment unsichtbar.

Denken Sie an einen Satz wie: „Zu Risiken und Nebenwirkungen fragen Sie Ihren Arzt oder Apotheker." Dieser mag sich theoretisch auch auf alle Medizinerinnen und Pharmazeutinnen beziehen – ob das Gehirn es jedoch so versteht, ist fraglich. Das Gehirn neigt dazu, es sich möglichst einfach zu machen und in Schubladen zu denken.

Framing verschärft das Problem

Es gibt Begriffe, bei denen die Problematik des generischen Maskulinums dadurch verstärkt wird, dass wir sie aufgrund des Kontextes erst recht ausschließlich mit Männern verbinden. Ein Beispiel wäre der Satz: „Die Motorradfahrer nehmen die Helme ab." Das Motorradfahren als Hobby wird meist einem männlichen Umfeld zugeordnet. Man spricht hier von „Framing" (englisch für „Einrahmen"). Komplexe Sachverhalte werden dabei zur besseren Verständlichkeit simpel dargestellt, bestimmte bzw. wichtige Perspektiven werden hervorgehoben, andere treten in den Hintergrund. Im Beispiel der Motorradfahrer verstärkt das den Effekt des generischen Maskulinums und schließt Frauen stark aus.

Studien zum generischen Maskulinum

Bei der beschriebenen Problematik des generischen Maskulinums handelt es sich keineswegs um bloße Vermutungen. Diese Zusammenhänge wurden durch zahlreiche Studien bereits eindeutig bewiesen.

Beispiel 1: Nennen Sie Ihre liebsten ...

In einer von Dagmar Stahlberg und Sabine Sczesny 2001 durchgeführten Studie („Effekte des generischen

Maskulinums und alternativer Sprachformen auf den gedanklichen Einbezug von Frauen") wurden männliche und weibliche Studierende anhand eines Fragebogens nach persönlichen Vorlieben befragt. Die Fragestellungen unterschieden sich in der Form:

- In der ersten Variante der Frage wurde das generische Maskulinum verwendet: *„Wer ist Ihr liebster Romanheld?"*
- In der zweiten Variante wurde die neutrale Formulierung gewählt: *„Wer ist Ihre liebste heldenhafte Romanfigur?"*
- In der dritten Variante die gendergerechte Frage: *„Wer ist Ihr liebster Romanheld, Ihre liebste Romanheldin?"*

Unabhängig vom Geschlecht der Befragten (es haben 48 männliche und 50 weibliche Studierende an der Studie teilgenommen), haben sich die Antworten je nach Fragestellung verändert. Die erste Form der Frage (generisches Maskulinum) hat zu deutlich mehr Antworten geführt, bei denen männliche Helden genannt wurden. Die zweite und die dritte Fragestellung (geschlechtsneutrale Formulierung bzw. Nennung beider Geschlechter) sorgten dafür, dass auch weibliche Heldenfiguren genannt wurden.

Die Forscherinnen der Studie haben ihre Ergebnisse durch verschiedene andere Fragestellungen verifiziert: Die Bitte, „drei Sportler, Sänger oder Politiker" zu nennen, führte ebenfalls zur vermehrten Nennung von männlichen Personen. Wurde eine geschlechtsneutrale Form oder sowohl die männliche als auch die weibliche Form genutzt, gab es auch hier wieder vermehrt Antworten, in denen Sportlerinnen, Sängerinnen oder Politikerinnen genannt wurden.

> **Kleiner Test: Denken Sie an einen deutschen Wimbledonsieger!**
> Vermutlich kommen Ihnen (so wie den meisten befragten Personen) Boris Becker oder Michael Stich in den Sinn – und nicht Steffi Graf, die mit sieben Siegen mehr Erfolge vorzuweisen hat als beide männlichen Spieler zusammen (Boris Becker hat dreimal, Michael Stich einmal gewonnen).

Derartige Untersuchungen machen deutlich, wie viel Sprache und Gedanken miteinander zu tun haben. Wird die Frage im generischen Maskulinum gestellt („Romanheld", „Tennisspieler"), reagiert das Gehirn entsprechend und ruft als erste Assoziation Namen oder Bilder von Helden und Sportlern und nicht von Heldinnen und Sportlerinnen auf, obwohl es diese nicht nur gibt, sondern sie zum Teil auch beliebter bzw. erfolgreicher sind, wie sich durch eine Veränderung der Fragestellung zeigt.

Das (Mit-)Gemeinte ist also nicht das, was tatsächlich bei den Adressatinnen und Adressaten ankommt. Verkürzt lässt sich das so verstehen: „Wir wissen nicht, was gesagt werden sollte. Wir wissen nur, was gesagt wurde!"

Beispiel 2: Das generische Maskulinum irritiert

In einer 2008 durchgeführten sprachvergleichenden Studie wurde unter anderem die Wirkung des folgenden Satzes untersucht: „Die Sozialarbeiter liefen durch den Bahnhof!" Folgt man der Annahme der Befürworterinnen und Befürworter des generischen Maskulinums, dass mit „Sozialarbeitern" Frauen automatisch mitgemeint sind und sich angesprochen fühlen, müssten sich die Testpersonen jetzt sowohl Männer als auch Frauen vorstellen. Ist dem so, wird auch der zweite Teil gut verständlich sein: „Wegen der schönen Wetterprognose trugen mehrere der Frauen keine Jacken."

Der Logik des generischen Maskulinums folgend, dürfte keine Irritation entstehen, der Satz müsste sich sinnvoll anhören. Liest man es so, wie es den Befragten vorgelegt wurde, heißt es: *„Die Sozialarbeiter liefen durch den Bahnhof. Wegen der schönen Wetterprognose trugen mehrere der Frauen keine Jacke."*

Die Teilnehmenden mussten so schnell wie möglich entscheiden, ob die Sätze sinnvoll zueinanderpassen. Ergebnis: Die Sätze wurden eher und schneller als sinnvoll angesehen, wenn auch im zweiten Teil des Satzes von Männern die Rede war. Sinnvoller erschien also diese Variante: *„Die Sozialarbeiter liefen durch den Bahnhof. Wegen der schönen Wetterprognose trugen mehrere der Männer keine Jacke."*

Dieses Ergebnis war übrigens unabhängig davon, ob der genannte Beruf eher mit Männern oder mit Frauen assoziiert wurde. Das bedeutet, dass das Stereotyp

„männlicher" bzw. „weiblicher" Beruf (vgl. Kap. 1.2) weniger starke Bilder in der Vorstellung prägt als die Verwendung der männlichen Form. (Quelle: Gygax et al, 2008.)

Sprachliche Grenzfälle

Die eben beschriebenen Studien sind nur einige Beispiele. Belege dafür, dass das generische Maskulinum tatsächlich die Frauen „unsichtbar" macht, gibt es zuhauf. In den meisten Fällen lässt es sich zum Glück ganz einfach durch die Nennung beider Geschlechter („Lehrerinnen und Lehrer") ersetzen. Der Vollständigkeit halber sei aber auch auf Fälle hingewiesen, in denen die Sprache (zunächst) an Grenzen stößt (was nicht heißt, dass sich diese Probleme nicht lösen ließen!).

Ein oft verwendetes Beispiel hierfür ist der folgende Satz: „Frauen sind die besseren Autofahrer." Diese Formulierung ist paradox, da die eindeutig rein weibliche Gruppe „Frauen" mit einem grammatisch männlichen Substantiv („Autofahrer") in Bezug gesetzt wird. Indirekt findet hier ein Vergleich statt – zwischen (männlichen) Autofahrern und (weiblichen) Autofahrerinnen. Lässt man diesen indirekten Vergleich, der als Wortspiel erscheint, jedoch außen vor, ist der Satz zunächst grammatikalisch und inhaltlich nicht richtig.

Korrekt müsste der Satz heißen: „Frauen sind die besseren Autofahrerinnen." Dadurch verändert sich jedoch sein Inhalt. Der Satz ergibt keinen Sinn mehr, da nicht klar wird, mit wem die Frauen hier verglichen werden

– schließlich gibt es keine „Autofahrerinnen", die nicht zugleich auch Frauen sind. Auch die Formulierung „Frauen sind bessere Autofahrerinnen als Männer!" wäre unsinnig, da Männer keine „Autofahrerinnen" sind.

Was also tun? Die Lösung ist ganz einfach: Formulieren Sie den Satz ein bisschen um und sagen Sie: „Frauen fahren besser Auto als Männer." So wird deutlich, was Sie sagen möchten. Und grammatikalisch richtig ist es auch.

Beim generischen Maskulinum nutzt man Substantive und Pronomen im Maskulinum, wenn gemischte Gruppen angesprochen werden oder das Geschlecht unbekannt ist. Das ist problematisch, da das Gehirn mit maskulinen Formen automatisch „männlich" assoziiert, sodass Frauen unsichtbar sind.

3.2 Alternativen zum generischen Maskulinum

Durch das generische Maskulinum werden Frauen – rein sprachlich – unsichtbar. Sie sind nicht vorhanden. Es gibt also gute Gründe, sich bewusst gegen diese Variante zu entscheiden und nach anderen Möglichkeiten Ausschau zu halten. Im Alltag stellt sich häufig die Frage, ob anders formuliert werden kann – oder ob sich die

Sprache den veränderten Anforderungen anpassen kann und muss.

Das generische Maskulinum ist nicht alternativlos. Hier sind Sie und eine gewisse Kreativität gefragt. Es gibt zwar Empfehlungen, wie gendergerechte Sprache und korrekte Grammatik miteinander vereinbar sind, aber ebenso viele Ausnahmen wie Unklarheiten. In diesem Kapitel möchte ich Ihnen einen Überblick über die gängigsten Varianten geben.

Doppelnennung – der Klassiker

Die Thematik ist nicht neu. Aufgrund der Tatsache, dass Frauen und Mädchen im normalen Sprachgebrauch nicht explizit genannt werden, wurden schon früh Alternativen gesucht, wenn beide Geschlechter erwähnt bzw. gesehen werden sollten. Häufig sind die Lösungen ganz pragmatisch. So wurden bereits im 19. Jahrhundert beide Geschlechter komplett genannt, zum Beispiel „Lehrer und Lehrerinnen".

Diese Schreibweise ist sprachlich vollkommen korrekt und wird beiden Geschlechtern gleichermaßen gerecht. Der Nachteil ist allerdings offensichtlich: Die Formulierungen sind relativ lang und nehmen viel Platz weg, was je nach Textform ein Problem darstellen kann.

Kurzschreibweisen

Der Herausforderung, eine platzsparende Lösung zu finden, begegnete man lange mit der verkürzten Version, zum Beispiel „Lehrer(innen)". Die weibliche Endung wird bei dieser Variante in Klammern angegeben.

Diese Schreibweise steht jedoch zunehmend in der Kritik: Durch die Klammer entsteht der Eindruck von Ausgrenzung. Es wird bemängelt, dass Frauen quasi „ausgeklammert" werden. Männer und Frauen werden nicht gleichberechtigt dargestellt, sondern die Frau bzw. die weibliche Endung „innen" wird als Abweichung von der Norm gesehen. Der Duden gibt zur Verwendung von Klammern folgenden Hinweis: „Mit Klammern kann man Zusätze und Nachträge deutlich vom übrigen Text abgrenzen." Damit lässt sich die eben skizzierte Kritik durchaus stützen.

Eine Alternative zu dieser Form und damit zum „Ausklammern" der Frau sollte die seit den 1960er-Jahren häufig verwendete Schreibweise mit Schrägstrich darstellen. Aus „Lehrer(innen)" wurden jetzt „Lehrer/-innen" – was jedoch ebenfalls zu Kritik führte. Häufig wurde angeführt, dass diese Form der Nennung der Frauen wie „ein Anhängsel" wirken würde, dass also auch hier das Männliche als die Norm und das Weibliche als Abweichung davon gesehen werden würde.

Eine weitere Variante, die dieses Problem lösen soll, ist das Binnen-I – die ebenfalls recht weitverbreitete Schreibweise „LehrerInnen", bei der das „i" der weiblichen Endung großgeschrieben wird, um zu verdeutlichen, dass beide Geschlechter gemeint sind. Hier lässt sich kritisieren, dass man dazu neigt, das Wort als reines Femininum zu lesen – dass also männliche Bedeutung untergeht –, zudem können durch diese Schreibweise eventuell Rechtschreibprobleme entstehen.

Jede der genannten Kurzschreibweisen ist also mit gewissen Nachteilen verbunden. Dennoch sind sie dem generischen Maskulinum vorzuziehen und können vor allem dann, wenn der Platz für die Doppelform nicht ausreicht, eine gute, pragmatische Lösung darstellen.

Geschlechtsneutrales Formulieren

Eine andere Herangehensweise an das Thema Gendergerechtigkeit in der Sprache, die eine durchaus sinnvolle Alternative zur Doppelform und ihren Kurzvarianten darstellt, ist das Neutralisieren des Geschlechts. Der Gedanke dahinter: In dem Moment, in der eine Gruppe angesprochen werden soll, in der sich Personen verschiedener Geschlechter befinden, kann auf die Nennung des Geschlechts auch ganz verzichtet werden.

Ein bekanntes Beispiel sind die „Studierenden", ein Begriff, der sich seit Längerem auch außerhalb von Universitäten durchgesetzt hat. Diese Form lässt sich in den meisten Fällen relativ unkompliziert anwenden. Grundsätzlich lassen sich bei den geschlechtsneutralen Formulierungen zwei Varianten unterscheiden:

- **Begriffe neutralisieren:** Dies betrifft das eben genannte Beispiel der Studierenden. Ebenso werden aus „Lehrern oder Lehrerinnen" die Gruppe der „Lehrenden", und aus „Mitarbeitern und Mitarbeiterinnen" werden „Mitarbeitende".

- **Neutrale Begriffe nutzen:** Daneben gibt es auch Begriffe, die von vornherein neutral sind. „Die Person" ist ebenso wenig weiblich, wie „der Mensch" männlich ist (vgl. Unterscheidung zwischen grammatischem und semantischem Geschlecht, Kap. 3.1). Diese Begriffe können also geschlechtsneutral genutzt werden. Gleiches gilt für Begriffe wie „Lehrkraft" oder „Belegschaft".

Natürlich gibt es auch an dieser Form Kritik, insbesondere am Neutralisieren von Begriffen. So wird zum Beispiel darauf hingewiesen, dass bei substantivierten Partizipien die Bedeutung streng genommen eine andere ist: „Student" bezeichnet jemanden, der an einer Universität eingeschrieben ist – unabhängig davon, was er in dem Moment tut –, während ein „Studierender" gerade in diesem Moment damit beschäftigt ist, zu studieren. Für Studentinnen und Studenten, die vielleicht gerade feiern, im Kino sind oder schlafen, wäre „Studierende" demnach nicht der passende Begriff.

Meiner Einschätzung nach sind diese Unterschiede im Sprachgebrauch jedoch zu vernachlässigen, da sich die Bedeutung durch den Kontext erklärt.

Gender-Gap oder Gender-Star

Durch Sprache können Dinge – und eben auch Menschen – sichtbar oder unsichtbar werden. Um der Benachteiligung einzelner Gruppen entgegenzuwirken, muss also entweder eine neutrale, das heißt geschlechtsneutrale Formulierung genutzt werden oder es müssen beide Geschlechter in den Fokus gestellt und deutlich benannt werden. An dieser Stelle soll jedoch nicht unerwähnt bleiben, dass zunehmend auch diskutiert wird, Personen, die sich nicht den binären Geschlechtern Mann oder Frau zuordnen, sprachlich zu berücksichtigen.

Durch den Wandel der Gesellschaft entstehen also neue Herausforderungen, die über die Frage, ob Klammern oder Schrägstriche die bessere Lösung sind, deutlich hinausgehen. Die bisherigen Vorschläge berücksichtigten nur die Sichtbarkeit von Jungen und Mädchen bzw. Männern und Frauen. Sonstige Gruppen, wie zum Beispiel intersexuelle Personen oder Menschen, die sich außerhalb der binären Geschlechterordnung sehen (die beispielsweise agender, genderneutral oder nonbinary sind), sind hier überhaupt nicht sichtbar. Und auch hier wird der Wunsch nach Sichtbarkeit immer deutlicher und stärker formuliert, was zu neuen Überlegungen und damit auch zu neuen Schreibweisen führt.

Eine Variante ist der sogenannte Gender-Gap. Diese „Geschlechter-Lücke" wird in der Regel durch einen Unterstrich deutlich gemacht und soll Raum geben für die Geschlechter, die nicht explizit erwähnt werden. So schreibt man zum Beispiel „Lehrer_innen", was bedeutet, dass hier nicht nur „Lehrer und Lehrerinnen" bzw. in der Kurzform „LehrerInnen" gemeint sind, sondern explizit auch die Personen, die sich nicht als Mann oder Frau definieren.

Diese Form ist relativ neu und wird erst seit Anfang der 2000er-Jahre verwendet. Auch hier wird deutlich, dass Sprache Änderungen unterliegt und sich neuen Gegebenheiten anpassen kann. Dieser Schreibweise wird häufig vorgeworfen, dass die Lücke als etwas Negatives, Trennendes wahrgenommen wird, nicht als etwas Verbindendes. Viele greifen daher stattdessen auf die Alternative, den Gender-Star, zurück.

Ähnlich wie beim Gender-Gap besteht der Ansatz beim Gender-Star darin, die binären Geschlechterzuweisungen zu verlassen und alle Personen, unabhängig von ihrer biologischen Zugehörigkeit, anzusprechen. Geschrieben sieht das so aus: „Lehrer*innen".

Oder doch das generische Femininum?

Ein besonders radikaler Ansatz ist die Idee, das generische Maskulinum einfach durch sein Gegenteil zu ersetzen – durch ein generisches Femininum. Schon seit den 1970er-Jahren wurde von feministischen Gruppen das generische Femininum gefordert, um aufzuzeigen, wie sich Benachteiligung in der Sprache äußert. Tatsächlich wird das generische Femininum an einigen Hochschulen auch in der Praxis verwendet. Dabei werden Frauen explizit genannt und Männer sind nur „mitgemeint". Dies kehrt die Struktur um.

Die Kritik am generischen Femininum liegt auf der Hand: Im Grunde ist es das Gleiche in Rosa wie das generische Maskulinum in Blau. Männliche Personen sind bei dieser Variante unsichtbar. Hinzu kommt, dass hier nicht einmal, wie beim generischen Maskulinum, auf eine bekannte Tradition zurückgegriffen werden kann, sodass es zu echten Verständnisschwierigkeiten kommen kann. In den meisten Situationen ist diese Variante also nicht praxistauglich.

Geschlechtsneutrale Endung

Ein weiterer Ansatz ist „Exit Gender". Die Idee dahinter ist, eine geschlechtsneutrale Endung zu nutzen. Diese, entweder „x" oder „ecs", lässt keinen Schluss auf das Geschlecht zu und schließt das gesamte Geschlechterspektrum mit ein. Aus „Professor" wird „Professecs", aus „Wissenschaftler" „Wissenschaftecs". In einer Weiterführung könnten die geschlechtsanzeigenden Anreden wie „Frau" und „Herr" durch „Lann" ersetzt werden.

Problematisch ist daran jedoch, dass der gewohnte Sprachfluss stark unterbrochen wird und sich die Sprache nicht mehr wirklich „deutsch" anhört. Die Endung klingt beinahe wie aus einem „Asterix"-Comic – kein Wunder, dass dieser Vorschlag auf Kritik stößt.

Bis sich eine gesamtgesellschaftliche Änderung und ein Umdenken einstellen, kann noch viel Zeit vergehen. Daher ist es vermutlich sinnvoller, kleinschrittige Veränderungen vorzunehmen und aus den anfangs genannten, bereits etablierten Lösungen der geschlechtergerechten Sprache zu wählen. Auf diese Weise ist es möglich, die Menschen für das Thema zu sensibilisieren, bis praktische, größere Lösungen für eine geschlechtsneutrale Sprache gefunden werden.

Es gibt viele Alternativen zum generischen Maskulinum. Üblich sind die Doppelnennung und ihre Kurzschreibweisen sowie die Nutzung geschlechtsneutraler Formulierungen. Durch Gender-Gap oder Gender-Star können zudem Personen sichtbar gemacht werden, die nicht ins Mann-Frau-Schema passen.

3.3 Besondere Herausforderungen und Tipps

Aktuell gibt es verschiedene Schreibweisen, die gendergerecht, grammatikalisch richtig und gleichzeitig unkompliziert, das heißt gut lesbar sind. Im vorherigen Kapitel haben Sie bereits viele der gängigen Varianten kennengelernt. Verpflichtend ist keine davon, das heißt, Sie können je nach Text, Zielgruppe und Anlass variieren.

Die richtige Anrede

Sprachlich herausfordernd werden Situationen erst, wenn mindestens zwei Geschlechter – im Regelfall Männer und Frauen – angesprochen werden sollen. Besteht Ihre Zielgruppe ausschließlich aus Männern, sind Ansprachen wie „Sehr geehrte Herren!", „Liebe Kollegen!" oder „Sehr geehrte Abteilungsleiter!" völlig korrekt. Gleiches gilt natürlich für rein weibliche Gruppen: „Sehr geehrte Damen!", „Liebe Kolleginnen!" oder

„Sehr geehrte Abteilungsleiterinnen!" sind adäquate Begrüßungen, wenn Ihr Publikum rein weiblich ist.

In dem Moment, in dem auch nur eine Person des anderen Geschlechts in dieser Gruppe ist, funktionieren diese Anreden jedoch nicht mehr. Besonders wenn die Anzahl der Personen des anderen Geschlechts sehr überschaubar ist, wenn also beispielsweise nur eine Frau in einer Gruppe von Männern ist, kann es zu seltsam wirkenden Formen der Anrede kommen, wenn zwanghaft versucht wird, beide Geschlechter zu berücksichtigen, zum Beispiel: „Sehr geehrte Herren, sehr geehrte Dame" oder „Liebe Kollegen, liebe Frau XY".

Es ist lobenswert, die Anwesenheit einer Frau zu berücksichtigen (Gleiches gilt natürlich ebenfalls für einen einzelnen Mann in einer Gruppe von Frauen), die eben genannten Begrüßungen stellen jedoch die Abweichung von der Norm noch mehr in den Mittelpunkt. Auch wenn die Anerkennung der einzelnen Person auf den ersten Blick nach einer sehr höflichen Geste aussieht und auch so gedacht ist, entstehen durch diese „Hervorhebung" häufig Nachteile und peinliche Situationen für die betroffene Person. Zu viel Aufmerksamkeit wird als unangenehm wahrgenommen.

Tokenism – ein Zuviel an Sichtbarkeit?
Über die Frage, was diese Heraushebung einzelner Personen bedeuten kann, hat bereits in den 1970er-Jahren die Harvard-Professorin Rosabeth Moss Kanter geforscht. Unter dem Begriff „Tokenism" be-

schrieb sie, was in diesen Fällen passiert. Als „Token" werden Minderheiten bezeichnet, das heißt in diesem Zusammenhang Frauen in Männerdomänen oder Männer in Frauendomänen. Das Problem: Die jeweiligen Personen werden nicht als Individuum, sondern als Vertreter ihrer Gruppe wahrgenommen. Eine Frau, die auf eine bestimmte Art und Weise agiert, ist nicht in erster Linie „Frau XY", sondern die Vertreterin einer ganzen Gruppe. Nicht „Frau XY ist so", sondern „Die Frauen sind so!" Die per se bei jedem Menschen sehr störanfällige Wahrnehmung wird hier dazu verleitet, aus dem Verhalten eines Individuums (einer einzelnen Frau) Annahmen über viele (alle Frauen) abzuleiten.

Eine pragmatische Lösung für das beschriebene Beispiel bestünde also darin, einfach die üblichen Anreden „Sehr geehrte Damen und Herren" und „Liebe Kolleginnen und Kollegen" zu verwenden, selbst wenn im konkreten Fall der Plural bei einem Geschlecht streng genommen falsch ist. So ersparen Sie sich auch das Zählen der anwesenden Männer und Frauen im Raum.

Gesprochene Sprache

Eine weitere Herausforderung ist die gesprochene Sprache. Während das „Binnen-I" oder das „Gendersternchen" geschrieben durchaus sinnvoll ist, ist der Umgang mit diesen Varianten in der gesprochenen Sprache nicht ganz so einfach. Häufig wird zu einer kleinen Pause während des Sprechens geraten, was dann etwa so klingt: „Die Lehrer – (kleine Pause) – innen waren mit ihren Schüler – (kleine Pause) – innen im Theater." Das ist zugegebenermaßen nur bedingt praktisch und nachvollziehbar, aber nicht unmöglich. Auch hier gilt der Ansatz, dass Veränderungen nur durch Veränderungen entstehen und alles, was wir oft hören oder sehen, auch eine gewisse Normalität erreicht.

Eine weitere Möglichkeit ist eine einfache Änderung in der Sprachmelodie. Anstelle einer Pause kann die Betonung auf der Silbe „in" liegen („Lehrer*In*nen"), wodurch das „I" hervorgehoben wird.

Die deutlichste Form, zumindest Männer und Frauen gleichermaßen anzusprechen, ist definitiv die Doppelnennung. Zugleich ist diese Form auch am einfachsten zu sprechen: „Die Lehrerinnen und Lehrer waren gestern mit ihren Schülerinnen und Schülern im Theater." Das ist klar und verständlich.

Gibt es offizielle Vorgaben?

Aktuell gibt es keine einheitlichen Vorgaben, wie gendergerecht geschrieben wird. Die Landesstelle für Gleichbehandlung in Berlin hat 2018 eine Anfrage an den Rat für deutsche Rechtschreibung gestellt und um eine Formulierungsempfehlung gebeten, die sich mit dem Thema „geschlechtergerechte Sprache" auseinandersetzt. Nachdem das Bundesverfassungsgericht das „dritte Geschlecht" zugelassen hat, soll dies auch in Formularen und Anträgen berücksichtigt werden. Der Rat hat keine abschließende Empfehlung gegeben, wird das Thema aber weiter beobachten und zu einem späteren Zeitpunkt etwas dazu sagen. Entsprechende Neuregelungen der Gesetze müssen laut Urteil des Bundesverfassungsgerichts bis Ende 2018 vorgenommen werden.

Tipps für die Praxis

Wenn Frauen gemeint sind, sollten sie auch deutlich als solche angesprochen werden. Sind Frauen und Männer gleichermaßen die Zielgruppe, gilt auch hier: Sprache macht sichtbar. Also sollten beide Geschlechter angesprochen werden, auch und gerade weil im allgemeinen Sprachgebrauch bisher die Gewohnheit einer gendergerechten Sprache fehlt. Das mag besonders in der Phase der Umgewöhnung teilweise umständlich erscheinen, ist aber der richtige Weg zur Gleichberechtigung.

Als Orientierungshilfe, wie und wo Sie gendergerecht formulieren sollten, können Ihnen diese Anregungen dienen:

- Frauen und Männer sind eigenständig und gleichberechtigt. Es ist wichtig, dies hör- und sichtbar zu machen.
- Feminine bzw. maskuline Substantive und Pronomen werden für das jeweilige Geschlecht genutzt, Frauen bzw. Männer werden nicht „mitgemeint".
- In der geschriebenen Sprache sollte zwischen formellen und informellen Texten unterschieden werden. In informellen Texten und/oder bei wenig Platz

können Kurzformen („Lehrer/-innen") verwendet werden.

- In formellen Texten empfiehlt es sich, beide Formen zu nennen.
- Falls das Geschlecht nicht relevant ist, wählen Sie geschlechtsneutrale Formulierungen (zum Beispiel „Team" statt „Mannschaft" oder „alle" statt „jedermann").
- Achten Sie nicht nur auf Substantive, sondern auch auf Pronomen. Häufig spielen diese im weiteren Textverlauf eine Rolle, selbst wenn zuvor eine geschlechtsneutrale Formulierung genutzt wurde. „Wer ist mit dem Auto da?" wäre beispielsweise neutral, die grammatikalisch korrekte Nachfrage „Wer kann mir kurz *sein* Auto leihen?" ginge jedoch an der weiblichen Realität vorbei.

Noch eine Option: männlich und weiblich im Wechsel
Bei längeren Texten gibt es darüber hinaus die Möglichkeit, zwischen weiblichen und männlichen Formulierungen, also zwischen dem generischen Femininum und dem generischen Maskulinum zu wechseln. Sie sprechen beispielsweise an einer Stelle des Textes von den „Mitarbeiterinnen", an einer anderen von den „Mitarbeitern". Zu Beginn des Textes sollten Sie allerdings auf dieses Vorgehen hinweisen, um Missverständnisse zu vermeiden. Darüber hinaus sollten Sie darauf achten, Stereotype zu vermeiden (also nicht „die Techniker" und „die Sekretärinnen").

Es gibt verschiedene Möglichkeiten, Männer, Frauen und eventuell auch ein „drittes Geschlecht" sowohl in der persönlichen als auch der schriftlichen Ansprache zu berücksichtigen. Keine davon ist allgemeingültig oder nach aktuellem Stand gesetzlich vorgeschrieben.

30

3.4 Gendergerechte Sprache – Pro und Kontra

Gendergerechte Sprache erfordert ein gewisses Maß an Selbstbewusstsein, Sensibilität, Enthusiasmus und Kreativität. Dem Argument „Das war schon immer so!" folgend, steht die Sensibilität für die bisherige Sprachform, das heißt für das generische Maskulinum und die damit verbundene Problematik, an erster Stelle. Erst durch die Wahrnehmung kann ein Prozess des Umdenkens und Umformulierens geschehen. Hierfür ist eine gewisse Begeisterung definitiv hilfreich. Die Meinungen bezüglich der Notwendigkeit gendergerechter Sprache sind sehr konträr und die Ablehnung wird häufig mehr als deutlich geäußert. Statt „sowohl als auch" gilt eher „entweder oder", was die Verwendung gendergerechter Begriffe angeht.

Sprache kann als Ausdruck gesellschaftlicher Verhältnisse verstanden werden. Unter diesem Aspekt ist die teilweise sehr ablehnende Haltung gegenüber gendergerechten Begriffen besonders interessant. Denn schließlich entsteht niemandem ein Schaden, wenn beispielsweise Berufsbezeichnungen in der männlichen und weiblichen Form angegeben werden.

Keine Angst vorm Sprachwandel

Sprache ist etwas sehr Lebendiges, sie passt sich zum Beispiel technischen („Twittern"), natürlichen („Klimawandel") oder gesellschaftspolitischen („Ehe für alle") Veränderungen an. Politisches Bewusstsein kann dazu führen, dass Wörter nicht mehr verwendet werden (vgl. Kap. 2.2). Durch bewusste Ablehnung von beispielsweise rassistisch konnotierten Ausdrucksformen konnte eine Veränderung der Sprache und auch im Bewusstsein erzielt werden.

Vermutlich werden Ihnen viele Begriffe einfallen, die sich im Laufe Ihres Lebens verändert haben, weil sie den aktuellen Verhältnissen nicht mehr angemessen sind oder an Relevanz verloren haben. Oder wann haben Sie zum letzten Mal einem „Backfisch" etwas für „die Aussteuer" gekauft oder eine „Nietenhose" getragen? (Für alle jüngeren Leserinnen und Leser: Mit „Backfisch" wurden keine kulinarischen Delikatessen bezeichnet, sondern junge Mädchen, die vor ihrer Ehe mit „Aussteuer" in Form von Bett-, Tischwäsche und weiteren Notwendigkeiten ausgestattet wurden, und „Nietenhose" ist der veraltete Begriff für „Jeans".)

Ebenso gibt es vermutlich einige Begriffe, die Sie neu in Ihren Sprachgebrauch übernommen haben. Und das, ohne dass Sie dazu verpflichtet wurden. Sie haben sich

Wörter oder Redewendungen angeeignet, die Sie häufig gehört haben, die Ihnen gefallen oder sinnvoll erscheinen. Sie parken Ihren „SUV", damit Sie besser „twittern" können, während Sie einen „laktosefreien Chai-Tee" trinken.

Diese Begriffe haben sich in die Umgangssprache geschlichen, ohne dass es zu einem Aufschrei der Empörung kam. Umso überraschender, dass – vermeintlich selbstverständliche – Formulierungen wie „Kontoinhaberin" in diesem Zusammenhang so vehement diskutiert werden (müssen).

Sprache lebt von der Anpassung an Veränderungen und Gegebenheiten, und das nicht nur in Bezug auf das Geschlecht. Seit 1971 werden jedes Jahr von der „Gesellschaft für deutsche Sprache" (GfdS) „Wörter des Jahres" und seit 1991 „Unwörter des Jahres" gewählt. Hier werden Wörter aus verschiedenen gesellschaftlichen Bereichen ausgezeichnet, die sich häufig im Sprachgebrauch wiederfinden oder eine besondere Bedeutung haben. Das „Unwort des Jahres 2015" lautete zum Beispiel „Gutmensch". Ein Begriff, den man, ähnlich wie „Frauenversteher", ohne den implizierten ironischen oder satirischen Kontext durchaus missverstehen könnte. Und doch ist die Mehrheit der Bevölkerung nicht nur bereit, sich diese neuen Wörter oder Formulierungen anzueignen, sondern trägt auch wesentlich dazu bei, dass es immer neue Begriffe gibt.

Gesellschaftliche Veränderungen erfordern neben einem Umdenken auch neue Begrifflichkeiten. Familien, die aus gleichgeschlechtlichen Paaren mit Kindern bestehen, haben beispielsweise ein neues Wort hervorgebracht. Es wird von „Regenbogenfamilien" gesprochen, ein Begriff, der aufgrund des Bedarfs geprägt wurde und der den veränderten gesellschaftlichen Anforderungen entspricht. Die Herausforderung, die Ansprüche an Grammatik und aktuelle Entwicklungen in Einklang zu bringen, ist ein laufender Prozess. Der Duden, das vermutlich allseits bekannte Rechtschreibwörterbuch, erscheint regelmäßig mit aktuellen Anpassungen. Es ist davon auszugehen, dass der Dudenverlag nie an den Punkt kommen wird, an dem die Entscheidung fällt: „So, das war jetzt die letzte Änderung! Die Sprache bleibt ab jetzt so, wie sie ist."

Ein drittes Geschlecht? Der Sprachwandel geht weiter!
Auch die Einführung eines dritten Geschlechts ist ein gesellschaftlicher Wandel, der voraussichtlich Konsequenzen für die Sprache haben wird. Auch hier wird ein Um- und Neudenken notwendig sein, damit sich die betroffenen Personen bzw. Personengruppen auch wirklich angesprochen fühlen, wenn sie gemeint sind. Mittlerweile wurde das dritte Geschlecht anerkannt, es kann jedoch sprachlich noch nicht abgebildet werden. Es gibt zwar drei grammatische Geschlechter, darunter auch das Neutrum, jedoch ist dieses hier keine Lösung. Denn einen Menschen mit „es" zu bezeichnen ist degradierend und keine Form der Anerkennung von Diversität. Im deutschen Sprachraum wurde noch keine angemessene Lösung gefunden. Neue Begriffe zu finden ist wesentlich ein-

facher, als eine vollständig neue Struktur der Sprache zu entwickeln. Die Grammatik ist auf drei Geschlechtern aufgebaut, wobei nur zwei in Bezug auf Menschen genutzt werden. Neue Pronomen und Artikel einzuführen, kann an eine Kunstsprache grenzen.

Die Sprache passt sich also auch den Lebensrealitäten an – zumindest theoretisch. Werfen Sie doch einmal einen Blick zurück: In den 1950er-Jahren waren die wenigsten Frauen berufstätig, stattdessen kümmerten sie sich um Haushalt, Mann und Kinder. Bezeichnend dargestellt sind die zwei Lebensfragen „Was soll ich anziehen?" und „Was soll ich kochen?" in einem Werbespot für einen Pudding, den Sie sich heute online auf YouTube ansehen können: www.youtube.com/watch?v=0oSIvfjFabg. Unverheiratete Frauen wurden in dieser Zeit als „Fräulein" angesprochen (siehe Kapitel 2.2), und es war das höchste Glück eines jeden Mädchens, einen „guten Mann" zu finden. Es galten sowohl moralisch als auch sprachlich andere Regeln als heute. Dass sich die Zeiten geändert haben, scheint noch immer nicht überall angekommen zu sein, wie die energische Verwendung und Verteidigung des generischen Maskulinums zeigt. Umso wichtiger, das Thema immer wieder anzusprechen.

Das Ziel gendergerechter Sprache

Gendergerechte Sprache ist nicht die Förderung einer bestimmten Gruppe (in den meisten Fällen von Frauen), sondern das Anerkennen von Diversität, das heißt Vielfalt. Das gilt sowohl für die gesprochene als auch für die geschriebene Sprache.

Was soll mit einer Änderung bewirkt werden? Gendergerechte Sprache bedeutet, dass sich im Idealfall alle Geschlechter, zumindest aber Frauen und Männer, gleichermaßen angesprochen fühlen. Um dies zu erreichen, gibt es zahlreiche Möglichkeiten, wie in Kapitel 3.2 und 3.3 deutlich wurde.

Darüber hinaus gibt es viele interessante Theorien und Bücher darüber, wie Sprache funktioniert. Neben Informationen und persönlichen Botschaften werden durch Sprache auch Werte und Normen vermittelt. Sprache dient nicht nur der Mitteilung von Informationen, sondern im Idealfall auch dem gegenseitigen Verstehen.

In einer Fremdsprache kann das eine echte Herausforderung sein. In der eigenen Sprache stehen uns dagegen keine Barrieren im Weg. Ist es da nicht besonders wünschenswert, alle Beteiligten in dieser Sprache wahrzunehmen? Durch die Nennung beider Geschlechter kann eine deutlich höhere Wahrnehmung von Frauen erreicht werden als durch die Verwendung des generischen Maskulinums!

Kritische Stimmen

Nun könnte man davon ausgehen, dass diese Argumentation so einleuchtend ist, dass man ihr einfach folgen muss: verschiedene Geschlechter – verschiedene Begriffe bzw. die Nennung beider Geschlechter. Umso erstaunlicher sind sowohl die Kritik als auch die öffentliche Diskussion zu dem Thema. Die Vorsitzende der Jungen Union (CDU) in Hamburg, Antonia Niecke, forderte 2017 ein „Ende des Genderwahnsinns". Niecke argumentierte, dass die Nennung von „Bürgerinnen und Bürgern" nichts zur tatsächlichen Gleichstellung beitragen würde. Dem kann man entgegen, dass sich Gleichstellung zwar nicht durch Sprache erzwingen lässt, dass es aber ohne Gleichberechtigung in der Sprache in anderen Bereichen noch sehr viel schwieriger wird, eine Wahrnehmung für diese Thematik zu erreichen.

In der gleichen Frage ging die Partei Alternative für Deutschland (AfD) noch weiter. Ihr Ziel ist ein Rückschritt im tatsächlichen Sinn des Wortes: Seit 1995 gelten die „Grundsätze für die Gleichbehandlung von Frauen und Männern in der Rechts- und Verwaltungssprache", die regeln, dass eine ausschließlich männliche Bezeichnung in Fällen, in denen auch Frauen betroffen sind, zu vermeiden ist. Hier sind Doppelnennungen das Mittel der Wahl. Ebenfalls ist dort geregelt, dass Frauen zuerst zu nennen sind. Dies gilt für alle amtlichen Schreiben, Formulare und Gesetzestexte. Die AfD-Fraktion in der Hamburgischen Bürgerschaft beantragt die Rückkehr zur rein männlichen Anrede mit der Begründung: „Die abstruse und ideologiebetriebene Gendersprache ist bevormundend, unverständlich und häufig albern." Außerdem sei es ein „Eingriff in die natürlich gewachsene Kultur und Tradition unserer Sprache".

Dagegen steht die Tatsache: *Die* Tradition der Sprache gibt es nicht. Es ist die Aufgabe der Sprache, sich an

Veränderungen anzupassen. Eine Rückkehr in alte und überholte Strukturen, nur damit sich Sprache nicht verändern muss, kann nicht die Lösung sein.

Sieht man von derart klaren Positionen ab, die sich deutlich gegen gendergerechte Sprache richten, gibt es auch Stimmen, die schlicht die Bedeutung der Thematik herunterspielen. Das Trivialisieren der Tatsache, dass meist nur die männliche Form verwendet wird, macht das Thema jedoch nicht weniger wichtig. „Die Welt sei ungerecht, Sprache auch", heißt es. Aber Sprache kann verändert werden. Und auch hier stellt sich die Frage: Was muss sich zuerst ändern – Sprache oder Verhalten? Und folgt dem einen das andere?

Es gibt noch weitere Argumente gegen eine gendergerechte Sprache, die häufig eher undifferenziert formuliert werden: „Das klingt doch total bescheuert!", „Das ist so was von überflüssig!" oder, um erneut die Kritik der AfD-Fraktion in der Hamburgischen Bürgerschaft aufzugreifen, gendergerechte Sprache sei „bevormundend, unverständlich und häufig albern". Dies sind nur einige typische Vorbehalte, die im Zusammenhang mit dem Wunsch nach gerechter Sprache häufig genannt werden. Dem möchte ich erneut entgegenhalten: Niemandem wird etwas weggenommen. Den meisten Befürworterinnen und Befürwortern der gendergerechten Sprache geht es auch „nur" um die Wahrnehmung von Männern *und* Frauen durch Sprache, nicht etwa um die Einführung eines generischen Femininums oder eines zusätzlichen grammatischen Geschlechts.

Auch das verbreitete Argument, gendergerechte Formulierungen seien sperrig, lässt sich zumindest teilweise entkräften. Zwar können einige Varianten der gendergerechten Sprache unter Umständen tatsächlich sperrig wirken, doch die gute Nachricht: Es gibt viele Möglichkeiten, gendergerecht zu schreiben (vgl. Kap. 3.2). Mit der passenden Variante können Sie gendergerecht und gleichzeitig gut verständlich formulieren!

Gendergerechte Sprache ist ein Zeichen von Wertschätzung

Gendergerechte Sprache bedeutet also keinen „feministischen Terror"! Hierdurch soll keine Zwangsverordnung übertriebener oder erfundener Begrifflichkeiten („Liebe Gäste und Gästinnen", „Liebe Kinder und Kinderinnen!") entstehen. (Die Begriffe „Gast" und „Kind" sind neutral, Gendern wäre hier unsinnig.) Es soll auch nicht mit missionarischem Eifer an jeder erdenklichen Stelle die Doppelnennung („Alle Männer und alle Frauen an Deck!") gefordert werden. Vielmehr geht es darum, durch Sprache zu verbinden. Dort, wo Geschlecht eine Rolle spielt und genannt wird, sollten beide Geschlechter sichtbar sein. Und dort, wo es irrelevant ist, ist es häufig sinnvoller, es gar nicht zu erwähnen, um vermeintliche Unterschiede nicht extra zu betonen.

Ich würde mich freuen, wenn Ihnen dieses Buch ein paar Hinweise und Anregungen für den eigenen gendersensiblen Sprachgebrauch gegeben hat. Über Feedback freue ich mich, über konstruktive Kritik ebenfalls.

Auch wenn es vermutlich noch ein weiter Weg ist, bis sich Männer, Frauen und Personen, die sich nicht den binären Geschlechtern zuordnen, gleichermaßen in der Sprache berücksichtigt sehen, ist es den Aufwand wert, weil sich Wertschätzung auch und meiner Ansicht nach ganz besonders in der Sprache ausdrückt.

30 *Noch immer wird oft das generische Maskulinum genutzt, wenn Personen unbekannten Geschlechts oder gemischte Gruppen gemeint sind. Frauen sind „mitgemeint", was jedoch, wie Studien beweisen, nicht funktioniert, da das generische Maskulinum mit „männlich" assoziiert wird. Empfehlenswert sind daher gendergerechte Lösungen, zum Beispiel:*

- *Die Nennung beider Geschlechter, gegebenenfalls (bei wenig Platz) in Form einer Kurzschreibweise.*
- *Die Verwendung neutraler („Person") oder neutralisierter Begriffe („Studierende").*
- *Der Gender-Gap oder der Gender-Star, wenn auch Personen, die sich nicht dem Mann-Frau-Schema zuordnen lassen, sichtbar gemacht werden sollen.*

Entgegen der Ansichten vieler Kritikerinnen und Kritiker ist gendergerechte Sprache durchaus praxistauglich und entspricht der Logik des generellen Sprachwandels.

Fast Reader

1. Gleichberechtigung und Sprache – wie hängt dies zusammen?

Die nach wie vor privilegierte Stellung der (weißen, heterosexuellen) Männer in unserer Gesellschaft zeigt sich beispielsweise daran, dass Männer bessere Aufstiegschancen im Beruf haben und besser bezahlt werden (Gender Pay Gap).
Diese „hegemoniale Männlichkeit" spiegelt auch die Sprache wider. Die deutsche Sprache ist eindeutig männlich. Sprache beeinflusst Denken und Wahrnehmen. Je männlicher die Sprache ist, umso größer ist die Benachteiligung von Frauen.

Dass Gleichberechtigung und Sprache zusammenhängen, zeigt sich in vielen Bereichen:
*   *Vermeintliche „Männerberufe" gelten als anspruchsvoller und werden besser bezahlt als „Frauenberufe". Um dem entgegenzuwirken,*

*sollte für Berufsbezeichnungen eine genderge-
rechte Form gewählt werden.*

- *In den Medien fehlt oft die Sensibilität für
gendergerechte Sprache. Auch Geschlechterstereotype werden von den Medien verbreitet
und verstärkt.*
- *Bereits Kinder werden mit Rollenbildern und
entsprechenden Erwartungen konfrontiert, obwohl es sinnvoller wäre, stattdessen ihre indi-
viduellen Eigenschaften zu stärken.*

2. Diskriminierung durch Sprache

Im ursprünglichen Sinn des Wortes bedeutet „Diskriminierung" „trennen, abgrenzen, unterscheiden". Wenn Sprache diskriminiert, bedeutet das
also zunächst nichts anderes, als dass nach verschiedenen Kriterien unterschieden wird.
Meist verweisen wir mit „Diskriminierung" aber
auf eine Ungleichbehandlung, bei der eine Gruppe gegenüber einer anderen benachteiligt wird.
Dies ist auch dann der Fall, wenn eine Personengruppe nicht erwähnt wird und so sprachlich „unsichtbar" bleibt.

 *Auf vielen Ebenen wird versucht, gegen Diskrimi-
nierung vorzugehen:*

- *Der Gleichbehandlungsgrundsatz (Artikel 3 des Grundgesetzes) und das 2006 eingeführte Allgemeine Gleichbehandlungsgesetz (AGG) sollen Diskriminierung verhindern.*
- *Wichtig ist die Unterscheidung zwischen unmittelbarer und mittelbarer Diskriminierung, da Letztere oft schwerer zu erkennen ist.*
- *Es ist sinnvoll, diskriminierende Begriffe durch adäquate Formulierungen zu ersetzen. Wichtig ist, dass diese Maßnahmen auch von Veränderungen in der Realität begleitet werden.*
- *Bei der Frage, wie weit gendergerechte Sprache gehen sollte, dient der gesunde Menschenverstand als Orientierung.*

3. Gendergerechte Sprache in der Praxis

Aktuell ist das generische Maskulinum noch sehr verbreitet. Dabei nutzt man das grammatische Maskulinum auch bei gemischten Gruppen oder wenn das Geschlecht unbekannt ist. Dies beeinflusst jedoch nachweislich die Wahrnehmung zuungunsten der Frauen, die nur „mitgemeint", aber nicht sichtbar sind.

Gendergerechte Sprache setzt sich dagegen für eine Anerkennung von Diversität, das heißt Vielfalt ein und möchte alle Geschlechter, zumindest aber Männer und Frauen sichtbar machen. Gegenstimmen behaupten, gendergerechte Sprache sei sperrig, doch durch die Wahl der jeweils geeigneten Lösung ist es durchaus möglich, sich gendergerecht und zugleich gut verständlich auszudrükken. Hierfür braucht es eine gewisse Offenheit und Kreativität im Sprachgebrauch.

30 **Die gendergerechte Sprache bietet beispielsweise folgende Möglichkeiten:**

- **Die Doppelnennung („Lehrerinnen und Lehrer") sowie, bei wenig Platz, entsprechende Kurzschreibweisen („Lehrer(innen)", „Lehrer/innen". „LehrerInnen").**
- **Geschlechtsneutrale Begriffe („Mensch", „Person") oder neutralisierte Begriffe („Studierende", „Mitarbeitende").**
- **Gender-Gap („Lehrer_Innen") oder Gender-Star („Lehrer*innen) zum Sichtbarmachen von Personen, die sich nicht den Kategorien „Mann" oder „Frau" zuordnen.**

Die Autorin

 Tinka Beller ist Expertin für Gender Diversity, Chancengleichheit und Frauenförderung. Sie ist Autorin des Standardwerks „Mentoring, im Tandem zum Erfolg" und von „30 Minuten Mentoring" (gemeinsam mit Gabriele Hoffmeister-Schönfelder). Als kompetente Expertin ist sie bundesweit als Teilnehmerin an Arbeitskreisen und der Entwicklung und Implementierung innovativer Instrumente zur Förderung der Gleichstellung gefragt.

Kontakt: Beller.Tinka@gmail.com

Weiterführende Literatur

- Diewald, Gabriele; Steinhauer, Anja: Richtig gendern. Wie Sie angemessen und verständlich schreiben. Dudenverlag, 2017.
- Gygax, Pascal; Gabriel, Ute; Sarrasin, Oriane; Oakhill, Jane; Garnham, Alan: Generically intendend, but specifically interpreted: When beauticians, musicians and mechanics are all men. Language and Cognitive Processes 23(3), 2008, S. 464–485.
- Hauenstein, Alexandra: Gendergerechte Sprache. Die Feministische Linguistik auf dem Prüfstand. Grin Publishing, 2015.
- Kahnemann, Daniel: Schnelles Denken, langsames Denken. Siedler Verlag, 2012.
- Kubelik, Thomas: Genug gegendert! Eine Kritik der feministischen Sprache. Format Verlagsgruppe, 2015.
- Pusch, Luise F.: Das Deutsche als Männersprache: Aufsätze und Glossen zur feministischen Linguistik. Edition Suhrkamp, 1984.
- Samel, Ingrid: Einführung in die feministische Sprachwissenschaft. Erich Schmidt, 2000.
- Schulz von Thun, Friedemann: Miteinander reden – Störungen und Klärungen. Rowohlt, 2018.
- Vervecken, Dries; Hannover, Bettina: Yes I can! Effects of gender fair job descriptions on children's perceptions of job status, job difficulty, and vocational self-efficacy. Social Psychology, 46, 2015, S. 76–92.

Onlinequellen (eingesehen am 20.11.2018):

- de.wikipedia.org/w/index.php?title=Euphemismus-Tretm%C3%BChle&oldid=179980779
- sciencev1.orf.at/science/news/151120
- Stefanowitsch, Anatol: Sprache diskriminiert. www.sprachlog.de/2011/11/30/sprache-diskriminiert/
- www.allbright-stiftung.de/
- www.anti-bias.eu/unconsciousbias/definition/
- www.buergerschaft-hh.de/ParlDok/dokument/61088/gender-sprache-im-hamburger-staat-und-in-der-verwaltung-abschaffen.pdf
- www.psychologytoday.com/us/blog/having-sex-wanting-intimacy/201309/girlie-girl-vs-one-the-guys
- www.stern.de/familie/kinder/nabelschnurscheren-in-rosa-und-blau---k-ein-schlechter-witz-aus-dem-kreisssaal--8445476.html
- www.youtube.com/watch?v=0oSIvfjFabg
- www.zeit.de/kultur/2017-03/gender-marketing-sexismus-negativ-preis-goldener-zaunpfahl-10nach8/komplettansicht

Register